Barbara Volkwein
DIE ETWAS GELASSENERE ART,
MUTTER ZU SEIN

Barbara Volkwein

Die etwas gelassenere Art, Mutter zu sein

Ihr Weg
zu Klarheit,
Souveränität
und einem
entspannten
Familienalltag

Kösel

Für   *Axel,*
        Wendelin
        und Laura

Das vorliegende Buch ist eine überarbeitete Neuausgabe des Titels »Einfach Mutter sein« von Barbara Volkwein, erschienen im CEUS-Verlag

Verlagsgruppe Random House FSC-DEU-0100
Das für dieses Buch verwendete FSC®-zertifizierte Papier
BVS matt liefert Scheufelen GmbH + Co.KG, Lenningen, Deutschland

Copyright © 2011 Kösel-Verlag, München,
in der Verlagsgruppe Random House GmbH
Umschlag: fuchs_design, München
Umschlagmotive: Plainpicture/Thomas Reutter
Bildnachweis siehe S. 222
Druck und Bindung: GGP Media GmbH, Pößneck
Printed in Germany
ISBN 978-3-466-30895-8

Weitere Informationen zu diesem Buch und unserem gesamten lieferbaren Programm
finden Sie unter
www.koesel.de

INHALT

WIR WOLLEN EINFACH EINEN ENTSPANNTEN FAMILIENALLTAG

*Wie bekommen Mütter den Respekt,
den sie verdienen?*

*Wie finden Sie den Weg in der Erziehung,
der für Sie genau das richtige ist?*

*Wie kann es für alle in der Familie leichter
und harmonischer werden?*

Beginnen Sie damit, sich selbst anzuerkennen

Hand aufs Herz, liebe Mutter: Wann haben Sie das letzte Mal über sich nachgedacht, über Ihre Leistung und über Ihre Verdienste? Es ist vielleicht lange her. Denn im Alltag einer Mutter ist meist wenig Zeit zur Reflexion. Dabei ist eine gesunde Selbsteinschätzung der erste wichtige Schritt, um den eigenen Wert besser ermessen zu können. Wir Mütter bringen schließlich nicht nur die Kinder zur Welt und »managen« zeitlebens eine Familie. Wir sind auch verantwortlich für die Entwicklung der Gesellschaft und damit für das Wohlergehen zukünftiger Generationen. Das Problem ist nur: Wir sind nie für diesen harten Job des Mutterseins ausgebildet worden. Wir werden einfach ins kalte Wasser geworfen. Wir müssen uns selbst Maßstäbe setzen und holen uns deshalb Ratschläge. Dabei sind wir vielen Mächten und Einflüssen ausgesetzt. Diese verwirren uns oft mehr, als dass sie uns helfen. Am Ende verheddern wir uns in einem dicken Motivationsknoten. Das Ergebnis ist fatal. Wir zweifeln an unseren Kindern und wir quälen uns mit einem schlechten Gewissen. Dabei wollen wir im Grunde genommen nur eins: Wir wollen unsere Aufgabe gut machen und dafür Anerkennung ernten. Wir wollen schlicht und einfach Mutter sein und einen entspannten Familienalltag haben.

Aber wie bekommen wir Mütter den Respekt, den wir verdienen? Es gibt nur eine Antwort: Wir müssen dieses schlechte Gewissen loswerden. Denn das schlechte Gewissen ist schuld daran, dass wir unsere Aufgabenvielfalt als Mutter, Berufstätige und Partnerin nicht in Einklang bringen können. Es hindert uns daran, dass wir uns so verhalten, wie es uns eigen ist. Nur wer frei von schlechtem Gewissen ist, der ist gut gelaunt und lebensfroh, der entwickelt eine Heiterkeit, die jeden mitreißt.

In diesem Buch lernen Sie, wie Sie sich von Ihrem schlechten Gewissen befreien können. Sie hören auf, die Lasten der Vergangenheit wie einen erdrückend schweren Rucksack zu schultern, und Sie beginnen, sich selbst anzunehmen und anzuerkennen. Sie setzen sich Ziele und verfolgen sie konsequent. Sie denken um und lösen Schritt für Schritt die Schlinge, die sich um Sie und Ihre Familie gelegt hat. Sie spüren, wie sich Ihre Position als Mutter, Berufstätige und Partnerin stärkt. Der Leitspruch »Ich achte mich, und ich werde geachtet« wird zu Ihrem neuen Lebensgefühl.

Je besser es Ihnen gelingt, den Motivationsknoten zu lösen, desto mehr Lebendigkeit empfinden Sie. Sie spüren dabei, wie sich Ihre Erfolge auf Ihr Kind übertragen. Denn Ihr Kind fühlt, was Sie fühlen. Vor allem aber fühlen Sie, wie sehr Ihr Kind Sie liebt. Sie entdecken plötzlich neue, eigene Wege. Im Vertrauen auf sich selbst verringern sich Ihre Ängste und Befürchtungen. Sie befreien sich auch von dem Gefühl, Ihr Kind schonen zu müssen. Dadurch zeigen Sie ihm, dass Sie ihm etwas zutrauen, und geben ihm die Chance, seine Aufgaben und Pflichten freiwillig zu meistern. Es fühlt sich gebraucht.

Sie lösen sich aus der Symbiose mit Ihrem Kind. Sie leiden jetzt nicht mehr für Ihr Kind. Dadurch hören Sie auf, sich schlecht zu fühlen, wenn Ihr Kind etwas nicht »richtig« gemacht hat. Stattdessen fühlen Sie mit ihm. So haben Sie mehr Ideen, wie Sie ihm

wirklich helfen können. Sie hören auf, das Leben Ihres Kindes zu leben. Jetzt werden Sie einfach die Mutter Ihres Kindes sein, und Ihr Kind wird einfach Ihr Kind sein.

Denken Sie daran, dass in allen sorgenden Berufen der Sorgende zunächst einmal für sich selbst sorgen muss. Nur wenn es ihm gut geht, kann er auch seine Arbeit gut machen und andere versorgen. Genauso verhält es sich mit dem Beruf Muttersein. Nur wenn die Mutter gut für sich selbst sorgt, sich an die erste Stelle setzt, bleibt sie nervenstark, hat auf Dauer Freude am Versorgen ihrer Kinder und erhält dafür Anerkennung. Sie wird von ihren Kindern, von ihrem Partner und ihrem gesamten Umfeld geachtet und erreicht das, was sie zuvorderst will: einfach Mutter sein – mit Leichtigkeit und dem Gefühl: »So wie ich es mache, ist es richtig und gut.«

Schon als meine drei Kinder klein waren, fiel mir auf, dass sie spüren, was ich fühle, und umgekehrt. Zumindest glaubte ich eine Abhängigkeit zwischen meinem Befinden und ihrem Verhalten zu erkennen. Auf der Suche nach einer Erklärung stieß ich auf das Phänomen der Schwingungsübertragungen. Ich war fasziniert.

Ich wollte die Geheimschrift zwischen Mutter und Kind entziffern und die daraus neu gewonnenen Einsichten und Erkenntnisse für den Familienalltag aufbereiten. An Gelegenheiten mangelte es mir nicht. Denn nach meiner kurzen Tätigkeit als Grundschullehrerin widmete ich mich in den folgenden 25 Jahren nicht nur der Erziehung meiner Kinder, sondern gab Nachhilfestunden in den Fächern Mathematik, Latein und Deutsch und machte Kinder fit für den Übergang in weiterführende Schulen.

Dabei erlebte ich anfangs manch böse Überraschung. Mich verwunderte z.B. die Tatsache, dass meine Schüler, obwohl sie bestens vorbereitet waren, Noten erzielten, die selten ihrem Wissen und ihren Fähigkeiten entsprachen. Neugierig begann ich meine Schüler nach ihren Einstellungen zu den entsprechenden Fächern zu befragen. »Was denkst du eigentlich, wenn du eine Schulaufgabe schreibst?«, wollte ich wissen. Und siehe da, ich wurde fündig. »Ich hasse Aufsatzschreiben«, »Ich bin zu blöd für Mathe«, »Meine Schwester schreibt immer die guten Noten«, lauteten die Antworten. Ich könnte Seiten füllen mit ähnlichen Aussagen.

Man muss sich vorstellen: Da sitzen Schüler im Unterricht jahrein, jahraus, pauken, bereiten sich auf Prüfungen vor, signalisieren aber ihrem Gehirn von vornherein: Es ist sowieso alles zwecklos. Die wenigsten Eltern jedoch wissen, was in den Köpfen ihrer Kinder vor sich geht. Vielmehr glauben sie, dass ihre Sprösslinge manches nicht können oder dass sie nicht richtig mitkommen, dass der Unterrichtsstoff zu schwierig oder die Schulaufgaben zu umfangreich sind, dass die Lehrer zu hart mit ihnen umgehen oder dass einfach zu viel verlangt wird. Dem ist aber meist nicht so.

In Wahrheit wirkt sich nur die *Änderung der Einstellung* zum Lernen an sich nachhaltig positiv auf das Arbeitsverhalten des Kindes aus. Eine Weile handelte ich nach diesem Prinzip. Ich arbeitete intensiv an der Verbesserung der Einstellung. Mit den Resultaten war ich zufrieden. Meine Schüler erkannten die Zusammenhänge zwischen ihrer Einstellung zu dem Fach und den Ergebnissen; sie waren sogar so motiviert, dass sie ihre Leistungen auch in vielen anderen Fächern verbesserten. Es bereitete mir daher große Freude zu beobachten, welchen Spaß die Schüler an sich und an dem, was sie taten, entwickelten. Mit Erstaunen beobachtete ich auch, wie zügig sie arbeiteten, als sie merkten, dass diese guten Ergebnisse gute Laune machten und dass deshalb alles schneller und zuverlässiger vonstatten ging.

Ich hätte mich mit den Ergebnissen zufrieden gegeben, wenn nicht nach einiger Zeit der eine oder andere Schüler zurückgekommen wäre, um sich, wie die Mütter es ausdrückten, einen »Anschub« zu holen. Der intensive Wunsch nach einem Nachschlag zeigte mir, dass die Änderung des Lernverhaltens allein nicht die gewünschte Dauerhaftigkeit erbringt. Etwas fehlte noch: ein entscheidender Baustein, das Glied, das die Kette schließt. Zuerst ahnte ich, was es sein könnte. Mit der Zeit drängte sich die Lösung aber förmlich auf. Denn lange schon fiel mir auf, dass die Mütter, wenn sie ihre Kinder brachten oder abholten, mit besorgten, gehetzten Mienen hereinplatzten. Am Anfang maß ich dieser nervösen Geschäftigkeit wenig Bedeutung bei, doch eines Tages fiel es mir wie Schuppen von den Augen: Die dauerhafte Lösung könne nur in der Änderung der Einstellung der Mütter zu suchen sein.

Da ich zu diesem Zeitpunkt bereits viel Wissen von der Übertragung von Schwingungen und der intuitiven Kommunikation hatte und ich mich außerdem zum Coach hatte ausbilden lassen, entschied ich mich, fortan den Fokus auf die Mütter zu richten. Die Mütter sollten lernen, ihre Zweifel und Verunsicherungen entspannter zu betrachten. Zu diesem Zweck entwickelte ich spezielle »Provokationen«, mit deren Hilfe die Mütter spielerisch dazu gebracht wurden, anders zu denken und ihre Unsicherheit, die sie in Bezug auf ihre Kinder oder auf deren Leistungen hegten, in Überzeugtheit zu verwandeln. Die Methode wirkte gut. Je mehr die Mütter das Brennglas auf sich richteten, desto besser ging es ihnen, denn sie erkannten, wie die Dinge wirklich waren. Sie lösten sich von ihrem schlechten Gewissen und gelangten zu mehr Klarheit. Sie überblickten Situationen besser und fühlten sich dem Umgang mit ihrem Kind gewachsen. Zunehmend empfanden sie sich, wie sie es ausdrückten, »über den Dingen stehend«. Sie handelten überlegt und souverän. Gleichzeitig entfalteten sich die ersehnten positiven Schwingungen und übertrugen sich auf das Kind.

Diese Vorgehensweise brachte den Durchbruch. Ich erinnere mich z.B. noch genau an einen der ersten Fälle. Eine Mutter klagte: »Mein Kind hat schlechte Noten mit all den üblichen Begleiterscheinungen. Es lehnt jegliche Unterstützung ab, macht aber von sich aus keine Anstalten, etwas an seinem Verhalten zu ändern.« »Dann werden wir eben ohne Ihr Kind das Problem lösen«, entfuhr es mir. Durch das Telefon hörte ich, wie die Mutter tief Luft holte, um mir dann begreiflich zu machen, dass ohne die Mitwirkung ihres Kindes wohl keine Verhaltensänderung möglich sei. Eine verständliche Reaktion. Ich konnte sie dennoch überzeugen. Sie überwand sich, weil sie verzweifelt war und einen Ausweg suchte, denn sie hatte schon viel unternommen, ohne dass sich etwas geändert hatte. Ihr Vertrauen sollte belohnt werden. In dem Maße, in dem sie zu sich und zu ihrem Kind eine neue Einstellung fand, entwickelte ebenfalls ihr Kind zu sich und zu seiner Arbeit eine neue Einstellung und ein anderes Verhalten. Innerhalb kürzester Zeit. Die Situation in der Familie entspannte sich spürbar. Die Mutter hatte die Schwingung bei sich, bei ihrem

Kind und damit die Stimmung in ihrem gesamten familiären Umfeld verändert.

Um es auf den Punkt zu bringen: Wenn ich meine Schwingung ändere, dann ändert sich auch bei meinem Gegenüber die Schwingung und – was besonders wichtig ist – sein Verhalten. Wer diesen Mechanismus erst einmal durchschaut und verinnerlicht hat, wird seine Probleme in den Griff bekommen.

Die Mütter, denen ich seither Tag für Tag begegne, überraschen mich nicht nur mit ihren Themen und Fragen, sie geben mir auch viel Kraft, weil ich miterleben darf, wie sie aufblühen, wenn sie den Motivationsknoten lösen und dies sogar ohne ihr Kind.

In all den Jahren habe ich meine Methode, die CEUS-Methode, die auf dem »Achtung-Anziehung-Prinzip« beruht, weiterentwickelt und optimiert. (CEUS steht für Coaching für Eltern und Schüler.) Mit Befriedigung stelle ich inzwischen fest, wie verblüfft meine Klienten über die raschen Erfolge sind und wie sehr sie meine Provokationen schätzen. Auch Sie werden sie mögen. Denn Sie werden Ihre Fröhlichkeit und Ihr erstaunliches Wohlwollen gegenüber Ihren Kindern wiedergewinnen. Sie werden die Dinge nicht mehr so verbissen sehen und sich nicht mehr über alles den Kopf zerbrechen. Der Umgangston in Ihrer Familie wird sich zum Positiven ändern, und weil Sie aufhören, sich ständig zu überfordern, wird auch das Leben Ihres Kindes weniger anstrengend.

Vielleicht möchten Sie sich jetzt voller Ungeduld in die Lektüre der Kapitel stürzen, die genau Ihr Problem behandeln. Bevor Sie das tun, möchte ich Sie aber bitten, die Unterkapitel von Kapitel 9 in der vorgegebenen Reihenfolge durchzuarbeiten, da Sie mit jeder Provokation tiefer gehen und Stück für Stück Ihr unbewusstes Wissen zutage fördern. Wenn Sie diese Vorgehensweise beherzigen, werden Sie schnell feststellen, dass die Methode Sie in den Bann zieht. Sie werden die vorteilhaften Veränderungen unmittelbar spüren. Sie werden endlich beginnen, auch als Mutter zu genießen. Und das wird Ihnen viel Kraft geben.

1

AUS DEM LEBEN DER MÜTTER

Welche Rolle spielen Mütter heute?

*Warum ist es so schwer, den Mittelweg
in der Erziehung zu finden?*

*Wie entsteht der »Motivationsknoten«,
in dessen Zentrum Mutter und Kind sitzen?*

Die Crux mit den tausend Helfern

Die Mütter von heute schwanken in ihrer Erziehungshaltung. Sollen sie viel oder wenig Liebe zeigen? Sollen sie streng oder sanft sein? Was ist überhaupt eine gute Erziehung? Aus Liebe und aus Verunsicherung lassen Mütter das eine Mal Fehltritte ihres Kindes durchgehen, das andere Mal ahnden sie Verstöße mit ungerechtfertigter Strenge. Den Mittelweg aber – auf achtungsvolle Weise für Struktur und damit für Harmonie zu sorgen –, den können sie nur schwer finden.

Infolgedessen suchen sie Hilfe und Orientierung bei externen Ratgebern. Deren Fülle macht es ihnen aber schwer, sich darin zurechtzufinden. Letztendlich bringt die Vielfalt an Informationen noch mehr Durcheinander und führt nicht selten dazu, dass ein regelrechter Wettkampf unter den Müttern entflammt. Denn wer unsicher ist, hat oft das Gefühl, besser sein zu müssen als andere. Der Flut an externen Ratgebern folgt eine weitere Welle von wohlmeinenden Helfern – Eltern, Großmütter, Tanten, Onkel, Schwestern, Brüder, Schwägerinnen, Nachbarn, Bekannte, Freundinnen. Je mehr die Mutter mit anderen Menschen über ihr Kind redet, desto mehr räumt sie ihnen häufig ein Mitspracherecht bei der Erziehung ein.

Die Entstehung des Motivationsknotens

Die vielen, in guter Absicht vermittelten Erfahrungen und Einstellungen beeinträchtigen die Mutter – und sei es auch nur unbewusst. Unwillkürlich übernimmt sie die eine oder andere Meinung und gerät dabei in einen Zwiespalt. Denn tief in ihrem Inneren spürt sie, dass ein anderer Weg besser ist. Die Mutter schlägt diesen Weg aber nicht ein, weil sie mit der Zeit verlernt hat, auf ihre innere Stimme zu hören. Sie sieht schließlich keine andere Möglichkeit, als mehr oder weniger halbherzig der Richtung zu folgen, in die viele andere Mütter auch gehen.

Auch wenn Sie spüren, dass tief im Labyrinth des Mutterseins der Pfad zur Wahrheit steckt: ohne den rechten Wegweiser tappen

Sie oft direkt in den Motivationsknoten. Einmal verfangen, übertragen sich Zweifel vom Kind auf die Mutter und umgekehrt. Wenn das Kind z.B. denkt: »Ich kapiere das nicht«, dann strahlt es dies und Zweifel an sich selbst aus, welche die Mutter schließlich aufgrund ihrer Spiegelneurone spürt (mehr dazu erfahren Sie im Kapitel 7). Nun argwöhnt auch sie und überträgt ihre Bedenken auf das Kind.

Der Motivationsknoten

Vater: »Das liegt eben in der Familie.«

Lehrerin: »Das Kind kann sich nicht konzentrieren.«

Schwester: »Dein Kind schaut zu viel fern.«

Andere Mutter: »Die Schule übt einen zu großen Druck auf unsere Kinder aus.«

Lehrerin: »Das Kind ist entwicklungsverzögert.«

Oma: »Ich war in Mathe auch eine Niete.«

Opa: »Aufsatzschreiben konnte ich auch nicht.«

Freundin: »Lass dein Kind untersuchen, das ist nicht normal, wie es sich verhält.«

Eine Mutter übernimmt all diese verschiedenen Meinungen unbewusst, wobei sie das, was sie am häufigsten hört, oft vordergründig zu ihrer Ansicht macht. Dabei steckt sie jedoch in einem Zwiespalt, denn sie spürt, dass ihr tiefstes Inneres ihr einen ganz anderen Weg weisen will.

Ein Beispiel aus meiner langjährigen Praxis soll das verdeutlichen. Ein Schüler schaut im Unterricht aus dem Fenster und beobachtet einen Kran, der gerade in Bewegung gesetzt wird. Das Kind ist vom Geschehen so fasziniert, dass es nicht mitbekommt, was die Lehrerin erklärt. Bei den Hausaufgaben am Nachmittag tut es sich deshalb schwer und macht viele Fehler. Entsprechend länger braucht es. Am nächsten Tag werden die Fehler rot angestrichen, was nicht gerade zur Motivation des Kindes beiträgt. Es verhält sich daher lustlos und verpasst weiteren Stoff. Schließlich denkt es: »Ich kapiere das einfach nicht.« Das Hausaufgabenmachen wird hinausgezögert, das Kind sucht Ablenkung beim Fernsehen oder am Computer. Die Mutter beginnt ihren Sprössling anzutreiben: »Wann fängst du endlich mit den Hausaufgaben an? Das dauert ja alles ewig. Habt ihr denn so viel auf? Ist denn das so schwer?« Sie wird ungeduldig und nervös. In der nächsten Prüfung schreibt das Kind eine Vier. Die darauf folgende wird noch schlechter. Spätestens jetzt beginnt die Mutter zu grübeln, woran das liegen könnte. Ist es der Stoff, die Lehrerin, vielleicht ein Streit mit einem Klassenkameraden? Liegt es an der familiären Situation? Liegt es an mir? Ich war ja auch alles andere als eine Leuchte in der Schule. Je länger sie grübelt, desto größer werden die Zweifel an den Fähigkeiten ihres Kindes. Und ihr schlechtes Gewissen pocht beständig: Was ist schief gelaufen? Habe ich etwas versäumt? War ich nachlässig? Was habe ich falsch gemacht? Tun andere mehr für ihr Kind?

> *»Klar sieht, wer von Ferne sieht,*
> *nebelhaft, wer Anteil nimmt.«*
> Laotse

Kein Zweifel: Die Mutter befindet sich mit ihrem Kind im Zentrum eines dicken Motivationsknotens. Sie hat in der Zwischenzeit so viele Meinungen gehört, dass es ihr unmöglich geworden ist, das Wichtige vom Unwichtigen zu unterscheiden. Wenn dieser Zustand weiter anhält, wenn die Nächte schlaflos und die Elternsprechtage zum Albtraum werden und wenn die Schule zum Thema Nummer eins in der Familie aufsteigt, dann erstickt nahezu jedes aktive, eigenständige Denken und Handeln. Die Mutter ist wie gelähmt. Sie ist dann noch nicht einmal in der Lage, die simpelste Sache der Welt zu sehen: die Tatsache nämlich, dass ihr Kind nur deshalb nicht mitkommt, weil es im Unterricht nicht aufgepasst hat. Es ist ganz normal, dass ein Kind mal nicht aufpasst. Wenn es aber aufpasst, versteht es den Stoff.

Mütter kommen vor lauter Druck und schlechtem Gewissen nicht auf die einfachste Idee: »Mein Kind übt jetzt zusätzlich, damit es den Anschluss findet und somit wieder Spaß am Aufpassen im Unterricht hat.«

Kurz und bündig

> Wir Mütter schwanken in unserem Erziehungsstil. Kinder aber wollen, dass wir auf achtungsvolle Weise für Struktur und Harmonie sorgen.

> Wir Mütter werden permanent verunsichert und stecken daher in einem Dauerzwiespalt. Am liebsten aber möchten wir den Weg wählen, den uns unser Innerstes zeigt.

> Wir Mütter sitzen mit unserem Kind im Zentrum eines dicken Motivationsknotens. Dadurch ist unser eigenständiges Handeln blockiert. Wir gehen nicht den Weg, den wir tief im Innern spüren.

> Generell: Je berechenbarer wir Mütter sind, umso einfacher haben es unsere Kinder.

2

DAS SCHLECHTE GEWISSEN

Woher kommt unser schlechtes Gewissen?

Wie macht sich ein schlechtes Gewissen bemerkbar?

Welche Folgen hat das schlechte Gewissen?

Wie verhalten sich das Gewissen, die Intuition und das Wertesystem zueinander?

Gewissen – was ist das eigentlich?

Das Gewissen und die Intuition sind zwei Meldesysteme, die nur uns Menschen zu eigen sind, zwei höhere Instanzen und innere Stimmen sozusagen, die uns sagen, wie wir urteilen sollen. Sie drängen uns, bestimmte Handlungen auszuführen oder zu unterlassen. Ihre Entstehung verdanken wir den »Werten«. Werte entwickeln sich aus gesellschaftlichen Normen oder individuell moralischen Einstellungen. Wenn wir sie missachten, »schlägt« unser schlechtes Gewissen.

Solche Missachtungen unserer eigenen Gefühle begegnen uns in höchst unterschiedlichen Ausprägungen. Sie können uns bewusst werden oder ins Unbewusste verdrängt werden. Sie können auch dazu führen, dass wir zwei Personen, zwei verschiedene Ich in uns entdecken: das eine Ich, das gelegentlich und meist spontan »ausrutscht« und Werte missachtet, und das andere Ich, das diesen Ausrutscher erkennt und ein schlechtes Gewissen auslöst – vielleicht mit der Folge, dass der Fehltritt rückgängig gemacht wird, um das gute Gewissen zurückzugewinnen.

Oft aber kommen wir in eine Situation, in der das offizielle Wertesystem und die eigene Intuition in Widerspruch geraten. Dann müssen wir ausloten, wem wir den Vorrang geben. Dieses Abwägen alleine reicht jedoch nicht aus. Von Zeit zu Zeit müssen wir auch unser Wertesystem und unsere Denkmuster auf ihre aktuelle Tauglichkeit hin überprüfen und, falls nötig, ändern. Das alles hört sich sehr abstrakt an. Aber diese Situationen spielen sich bei einer Mutter täglich ab.

Folgendes Beispiel aus meiner Praxis soll das verdeutlichen: Frau N., Mutter von drei Buben, hatte gerade ihr viertes Kind, ein Töchterchen, bekommen. Sie war überglücklich. Doch leider tauchte sofort ein ernstes Problem auf. Das Mädchen ließ sich von seiner Mutter nicht stillen. Es wollte die Brust nicht nehmen. Das Einzige, das die Kleine akzeptierte, war das Fläschchen. Sobald sie am Nuckel saugte, war die Welt für Mutter und Kind in Ordnung. Die Kleine war friedlich. »Bei meinen ersten Kindern hat das so prima funktioniert. Das muss sich eben erst einspielen. Mädchen sind da vielleicht anders«, redete sich die

Mutter ein. Unterschwellig pochte nämlich ihr schlechtes Gewissen. »Ich bin nur eine gute Mutter, wenn ich mein Baby an meiner Brust ernähre«, hämmerte es in ihrem Kopf. Sie nahm sich also fest vor, nicht aufzugeben. Je energischer sie auf dieses Ziel hinarbeitete, desto unglücklicher wurde sie aber. Allmählich wich die Freude über die ersehnte Tochter einem Dauerstress. Nach fünf Wochen vergeblicher Versuche waren Mutter und Kind mit den Nerven am Ende. Das Baby hatte sichtlich abgenommen und das nächtliche Schreien des Neuankömmlings hatte der ganzen Familie arg zugesetzt.

Nach langem Ringen entschied sich Frau N. schließlich bewusst dafür, entgegen ihrem Wertesystem zu handeln und stattdessen, wie sie später erzählte, ihrer Intuition zu vertrauen. »Warum machst du dir und dem Kind und der ganzen Familie eigentlich das Leben so schwer? Was wäre, wenn ich meinem kleinen Engel (so konnte sie ihre Tochter bald wieder nennen) die abgepumpte Milch mit der Flasche gebe? Alles wäre in Ordnung. Ich könnte mein Kind anstrahlen, es ruhig im Arm halten, es liebkosen und genießen. Ich wäre entspannt und mein Kind auch.

Auch seine Geschwister hätten keinen Groll mehr auf das schreiende Bündel, das ihr so sehnlich erwartetes Geschwisterchen war.« Die Mutter kam zu dem Schluss: »Auch wenn mein Kind nicht an meiner Brust trinkt, bin ich eine gute Mutter.«

Es kehrte endlich Ruhe und Frieden ein, die Debatten und Diskussionen hörten auf und die Brüder fühlten sich zu ihrem Schwesterchen ab sofort hingezogen, denn sie durften ihm gelegentlich auch das Fläschchen geben. Das Glückskleeblatt konnte nun Gestalt annehmen.

Was lernen wir aus diesem Fall? Eine Veränderung des Wertesystems ist häufig erst einmal mit einem schlechten Gewissen verbunden. Wenn dieses schlechte Gewissen zu einer gründlichen Auseinandersetzung führt, dann gewinnen wir Mütter mehr Sicherheit. Unterlassen wir diese Reflexion aber, quält uns das schlechte Gewissen weiter.

Später erzählte mir diese kinderreiche Mutter, dass das Überdenken ihres Wertesystems, ihr bewusst reflektiertes Handeln, ihr die Augen für den Umgang auch gerade mit ihren älteren Kindern geöffnet habe. So sei ihr z.B. aufgefallen, dass sie ihren Zweijährigen beim Zubettbringen stets gefragt habe: »Ziehen wir jetzt den Schlafanzug an?« Dieser protestierte jedes Mal lauthals: »Nein, nein, nein.« Ihre Frage war jedoch rein rhetorisch, denn für sie stand die Antwort ja schon fest: Wir ziehen den Schlafanzug an. Danach streifte sie ihm den Pyjama über. Für den Kleinen war diese Handlung nicht nachvollziehbar. Erst wurde er gefragt, daraufhin antwortete er mit Nein, und schließlich musste er doch in das ungeliebte Teil schlüpfen. Er verstand die Welt nicht mehr. Die Mutter änderte daraufhin den Wortlaut. »Wir ziehen jetzt den Schlafanzug an«, sagte sie. Das ist eine klare Ansage. Anfangs protestierte der Junge zwar noch, der Unterschied zwischen Ja und Nein wurde für ihn jedoch deutlicher. Kinder können mit dieser Art von rhetorischen Fragen wohl kaum etwas anfangen.

Dieses Beispiel zeigt, wie wichtig es ist, dass wir Mütter unsere Verhaltensweisen gelegentlich kritisch unter die Lupe legen. Denn wir sind nicht nur in Wertesysteme eingebunden, sondern wir sind auch in Denkmustern festgefahren, die wir über die Jahre ungefiltert übernommen haben. Selten sind wir uns dieses Zustands bewusst, und noch weniger wagen wir es, ihn zu hinterfragen und uns von ihm zu lösen.

So erging es auch Frau O., einer früheren Klientin von mir. Beim Einkaufen plagte sie stets ein altes Denkmuster. »Ich muss mich unauffällig verhalten«, mahnte ihre innere Stimme. Eines Tages aber wurde ihr Denkmuster auf eine harte Probe gestellt. Denn ihr Auftritt im Supermarkt war an diesem Tag alles andere als unauffällig. Als sie an der Kasse stand und ihre Einkäufe aufs Förderband lud, nahm ihr Kind einen Schokoriegel aus dem Regal und versuchte diesen auszupacken. Die Mutter griff ein und legte den Riegel zurück. Natürlich verlieh das Kind seinen Forderungen Nachdruck. Es brüllte und wälzte sich auf dem Boden. Die Mutter achtete nicht auf die strafenden Blicke der Leute, von denen sie nicht so recht wusste, ob sie ihr oder ihrem Kind galten. Sie gab diesmal nicht nach, sie erregte Aufmerksamkeit und veränderte ihr Denkmuster: »Ich verhalte mich in diesem Fall auffällig. Ich komme den Forderungen meines Kindes nicht nach. Ich lasse es toben, damit es lernt, dass es mit

solchen lautstarken Eskapaden bei mir nicht mehr durchkommt.«

> *»Es ist ein populäres Missverständnis in der Erziehung,*
> *dass Kinder Grenzen brauchen.*
> *Es sind vielmehr die Eltern, die zeigen müssen,*
> *wo ihre eigenen Grenzen sind.«*
> Jesper Juul

»Man muss sich unauffällig verhalten.« Unser aller Bewusstsein ist von solchen »Leitsätzen« oder »Glaubenssätzen« geprägt. Es gibt sie tausendfach. Zum Beispiel: »Ich muss gehorchen«, »Ich darf andere nicht enttäuschen«, »Wenn ich alles richtig mache, dann werde ich gemocht.« Jedes Mal, wenn wir einen Leitsatz nicht einhalten, also diesem Leitsatz gemäß etwas falsch machen, haben wir ein schlechtes Gewissen. Wenn wir uns aber diesem Glaubenssatz entsprechend verhalten, richten wir uns nicht nach unserem Innersten und haben deshalb auch ein schlechtes Gewissen. So kommt es, dass wir im Laufe der Zeit, um einen Mittelweg zu finden, beidem gerecht werden wollen: den Leitsätzen und dem Innersten. Wir verhalten uns ganz seltsam.

Würde Frau O. das eine Mal den Schokoriegel kaufen, um für momentane Ruhe zu sorgen, und das andere Mal auf ihr Inneres hören, das ihr sagt: »Jetzt ist nicht der Zeitpunkt für einen Schokoriegel«, dann böte sie im Verhalten Unsicherheit, mal so, mal so. Damit würde sie für ihr Kind unberechenbar und für schlaue Kinder steuerbar oder sogar bestechlich.

Wie sie es auch macht, sie hat immer ein schlechtes Gewissen. Entweder den anderen Leuten gegenüber, weil sie nicht für Ruhe sorgt, oder vor sich selbst, weil sie entgegen ihrer Überzeugung handelt. Das heißt: Wenn die Mutter sich von ihrem Innersten abbringen lässt, signalisiert sie ihrem Kind, dass sie unsicher ist. Zugleich geht es ihr eigentlich immer nur um eins: Anerkennung zu bekommen und geliebt zu werden.

Dabei ist das Wichtigste, dass wir uns selbst Anerkennung entgegenbringen. Das gelingt nur, wenn die Mutter nach ihrer Überzeugung und nach ihrem Innersten handelt, das heißt, wenn sie auf sich selbst achtet und nicht andere über sich stellt. Solange sie das nicht tut, wird sie ein schlechtes Gewissen haben.

Wie drückt sich ein schlechtes Gewissen aus?

Wenn wir uns schlecht fühlen, grübeln wir oft mit quälender Verbissenheit und setzen gleichzeitig einen Teufelskreis in Gang. Denn je mehr wir über unsere Fehler nachdenken, desto mehr ziehen wir uns runter. Dadurch entfernen wir uns immer weiter von unserer Selbstachtung.

Nehmen wir nun an, Frau O. wäre doch weich geworden und hätte den Forderungen ihres Kindes nachgegeben und den Schokoriegel gekauft. Obwohl das Kind dann ruhiggestellt worden wäre, hätten ihr die Leute keine Achtung entgegengebracht. Im Gegenteil. Sie hätten gedacht: Wer erzieht da eigentlich wen? Und genauso wenig Respekt hätte die Mutter von ihrem Kind bekommen. Denn der widerspenstige Sprössling provozierte einen Machtkampf, den sie offensichtlich verloren hätte. Am allerwenigsten aber hätte sich die Mutter selbst achten können. Denn sie hätte gegen ihre Überzeugung »Ich bleibe dabei, jetzt ist nicht der Zeitpunkt für einen Schokoriegel« gehandelt.

Je weniger wir uns selbst achten, desto mehr nagt an uns das schlechte Gewissen, weil wir nicht bei unserer Überzeugung geblieben sind. Dieses Gefühl ist für uns nicht greifbar, es läuft unbewusst ab. Deshalb kommt es uns auch meist gar nicht in den Sinn, uns mit Situationen, in denen wir uns achtlos gefühlt haben, auseinanderzusetzen. Dabei kommen solche Situationen im Alltag einer Mutter hundertfach vor. Wie oft fühlen wir uns nicht geachtet, nicht geschätzt, nicht anerkannt, nicht geliebt! Das führt zu großer Unzufriedenheit und lähmt uns auf Dauer. Wir finden nicht den Weg, der zur Achtung führt, und verhalten uns stattdessen ganz sonderbar. Mal kommt unsere Unzufriedenheit in vulkanartigen Explosionen zum Ausbruch, mal flüchten wir uns in die Welt unserer Gedanken.

Nach dem Einkaufserlebnis im Supermarkt gibt es für den Rest des Tages noch reichlich Gelegenheit, die Reißfestigkeit von

Frau O.s Nerven zu erproben. Zu Hause angekommen, könnte ihr Kind z.B. auf die Idee kommen, mit den Straßenschuhen quer durch die Wohnung zu rennen. Nicht weiter tragisch, könnte man denken. Da sich bei der Mutter aber genug Ärger angestaut hat, rastet sie aus, packt ihr Kind unsanft und schreit es an. Wie nicht anders zu erwarten, plagt sie deutlich vernehmbar das schlechte Gewissen. Sie zweifelt an sich.

Welche Folgen hat das schlechte Gewissen?

Wenn uns Mütter das Gewissen geißelt, flüchten wir gern in die Gedankenwelt und beschäftigen uns dabei vorwiegend mit dem Negativen und mit unserer Vergangenheit. Phantasiereich, wie wir nun mal sind, ziehen wir unsere Stimmung langsam nach unten und machen unser Thema im schlechten Sinne groß. Dadurch wird das Problem aber nicht gelöst. Stattdessen rumort, gärt und brodelt es in unserem Inneren. Das zehrt, höhlt uns aus und kostet enorm viel Kraft. Wenn wir unser Thema aber nicht lösen, dann wird es nicht lange dauern, bis unser Körper streikt. Achten wir deshalb mehr auf unseren Siedepunkt. Gelegenheiten gibt es reichlich.

Zurück zu unserem Beispiel: Ein paar Tage später, als Frau O. sich eine neue Jeans kaufen wollte, zog ihr Kind währenddessen Blusen von den Bügeln. Nach mehrmaligen Ermahnungen gab die Mutter ihr Vorhaben auf und verließ unverrichteter Dinge den Laden. In der nächsten Zeit vermied sie derartige Situationen und verlor zusehends die Lust, sich um sich selbst zu kümmern. Sie wurde unzufrieden und vergriff sich im Ton.

Die Folgen sind klar. Wenn Frau O. ihre Wut weiter unterdrückt, wird sich die Unzufriedenheit in ihrem Organismus ausbreiten wie ein heimtückischer Virus. Ihr Körper wird rebellieren. Sie wird krank. Es ist daher höchste Zeit, dass sie sich auf sich selbst besinnt.

Kurz und bündig

> Ein schlechtes Gewissen steht unserem Mutterglück immer im Wege. Das schlechte Gewissen stellt sich immer dann ein, wenn gemäß unserem eigenen Wertesystem etwas für schlecht oder falsch befunden wird, wenn unser Handeln durch andere, von außen gesetzte Wertesysteme als schlecht oder falsch erlebt wird oder wenn unser Tun durch Denkmuster wie z.B. »Man tut dies, man tut das« beeinflusst wird.

> Mütter mit einem schlechten Gewissen grübeln viel, machen sich Vorwürfe und »bohren« mehr. Sie drehen sich gedanklich im Kreis, verspannen und lähmen sich.

> Die wichtigste Konsequenz: Wir müssen unser Wertesystem immer wieder auf den Prüfstand stellen – und gegebenenfalls ändern.

3

NEUORIENTIERUNG

*Was ist das wahre Bedürfnis von
uns Müttern?*

*Wie kann der Motivationsknoten
gelöst werden?*

*Warum braucht die Mutter
mehr Achtung vor sich selbst?*

Raus aus dem Dilemma

Eines der wichtigsten Bedürfnisse des Menschen ist, geachtet und anerkannt zu werden. Das gilt für uns Mütter sogar in besonderer Weise. Es ist daher an der Zeit, dass wir Mütter uns auf uns selbst besinnen, uns achten und unseren Bedürfnissen nachgehen.

Meine Klientin Frau O. hatte zwischenzeitlich viele Versuche unternommen, ihre angestaute Wut und ihren Schmerz zu bekämpfen. Das beste Heilmittel blieb ihr allerdings verborgen. Sie hatte es überall gesucht – nur nicht bei sich. Deshalb kam sie in meine Praxis und schüttete ihr Herz aus. »Ich komme mit meinem Kind nicht klar. Es macht, was es will. Es hört nicht, was ich sage. Auch am Essen hat es ständig etwas auszusetzen. Mein Partner und ich streiten uns dauernd und nur wegen des Kindes.« »Was möchten Sie denn?«, erkundigte ich mich bei der Mutter. »Ich möchte wieder in meinem Job arbeiten. Aber bei dem Theater, das sich da jetzt bei uns abspielt, kann ich mir das unmöglich vorstellen. Ich habe schon so viel ausprobiert, aber nichts hat wirklich gefruchtet. Ich möchte endlich Frieden zu Hause haben und dass alles läuft. So habe ich mir das Leben mit einem Kind nicht vorgestellt.« »Sie möchten souveräner von innen heraus werden? Ist es das, was Sie sich wünschen?«, hakte ich nach. »Zu schön, um wahr zu sein. Wie soll denn das funktionieren?«, fragte Frau O. zurück und setzte ein ungläubiges Gesicht auf.

»Das Mittel, um Ihr Problem zu lösen, tragen Sie in sich selbst. Es ist Ihr schmerzlinderndes Mittel. Sie brauchen es lediglich auszupacken, benutzen und die Substanz – sie heißt übrigens ›Achtung‹ – wirken lassen. Die Achtung gibt Ihnen Orientierung über sich selbst. So einfach ist das. Wenn Sie dieses Mittel täglich in vielen kleinen Dosen einnehmen, werden Sie ganz rasch spüren, wie souverän und locker Sie sind.«

Fazit: Wenn wir Mütter uns nicht ausreichend achten, trauen wir uns nicht, unserer inneren Stimme zu folgen. Stattdessen werden wir uns immer wieder die Meinungen aus dem sozialen Umfeld holen, was es uns obendrein erschwert, endlich aufhören zu können, uns an anderen messen zu müssen.

Den Motivationsknoten lösen

Wir sollten eine gerade Linie, unsere eigene Linie, finden und aufhören mit Selbstmitleid und Ausreden wie »Das Geld stimmt nicht«, »Ich habe keine Zeit«, »Alles ist zu viel«, »Andere haben aber eine andere Meinung«. Wir dürfen uns von unserem schlechten Gewissen befreien. Dann hören wir auf, Schuld zu verschieben, und entscheiden frei, vertreten unsere Meinung und handeln bewusst danach. Wir erkennen dankbar – gerade im Hinblick auf unsere Kinder –, dass Leistung kein Feind ist. Als Folge löst sich der Motivationsknoten.

Frau O. war jedenfalls mit ihrer Geduld am Ende. »Was lasse ich da mit mir machen?«, fragte sie kühn und beschloss, dass es so nicht weitergehen dürfe. Sie hatte erkannt, dass sie auch ihrem Kind keinen Gefallen tun würde, wenn sie es weiterhin gewähren ließe. Also ging sie in sich und war anschließend wie ausgewechselt. Beim nächsten Einkauf war sie nicht mehr unsicher oder vehement, sondern sie sagte ihrem Kind locker und voller Überzeu-

Beide, Mutter und Kind, achten sich selbst und den jeweils anderen, wenn sich der Motivationsknoten löst. Sie nehmen den anderen ernst. Sie fühlen sich angenommen und schätzen den anderen hoch ein. Damit bekommen beide mehr Schwung und mehr Lust am Leben.

gung: »Ich will eine neue Jeans, und die werde ich mir jetzt auch kaufen.« Oder: »Heute kaufe ich keinen Schokoriegel.«

Diese Überzeugtheit strahlte Frau O. aus. Das Kind spürte plötzlich: Die Mama meint es wirklich ernst. Es begann, ihre Aussagen zu akzeptieren. Und wie mich die Mutter später wissen ließ, war sie dabei in bester Laune. Ihre Stimmung sei mitunter sogar so gut gewesen, dass sie Lust verspürte, ihren Zögling am Einkauf zu beteiligen. Sie griff in den Regalen nicht mehr einfach nur nach den Artikeln, nein, sie konnte mit ihm besprechen, was in den Wagen kommen sollte und was nicht. Dadurch fühlte sich das Kind am Geschehen beteiligt. Es hatte es nun nicht mehr nötig, um die Aufmerksamkeit und die Liebe der Mutter zu buhlen oder diese gar lautstark einzufordern.

Jedes Kind sehnt sich nach Liebe, Aufmerksamkeit und Anerkennung. Wir beachten seinen Wunsch, indem wir ihm liebevoll den Weg zeigen. Dafür wird es uns achten. Mutter und Kind sind dann gleichwertig.

Motivation durch Schwung und Lust

Wenn wir uns hoch einschätzen, fühlen wir uns stärker und sind in der Lage, dem Druck, der von außen auf uns wirkt, standzuhalten. Unser Blick wird klarer, der Sorgenschleier lüftet sich. Dadurch handeln wir selbstverständlicher. Wir haben wieder Ziele vor Augen und Lust, sie zu verwirklichen. Weil wir uns stark fühlen, geben wir unserem Kind Rückhalt und vermitteln ihm Sicherheit. Uns wird klar, dass es nur dann eine selbstbewusste Persönlichkeit wird, wenn wir *selbst bewusst* unsere Ziele, für die wir uns entschieden haben, verfolgen und zu erreichen suchen.

Frau O. war zunächst sehr skeptisch, ob ihr verändertes Verhalten von Dauer sein würde. Überdies war ihr nicht klar, dass die zunehmende Standhaftigkeit sie motivieren würde, mehr im häuslichen Alltag zu verändern. So übertrug sie ihrem Kind kleine, regelmäßig zu verrichtende Aufgaben, besprach die Ausführung mit ihm genau und überprüfte diese, was ihr anfangs lästig erschien. Doch ihre Mühe wurde belohnt. Ihr Kind erledigte seine häuslichen Pflichten sogar freudig. Erleichterung trat ein. Und die Mutter begann sich auf ihr Kind zu verlassen, sodass aus der regelmäßigen Vergewisserung bald sporadische Stichproben werden konnten. Ihr Kind fühlte sich weniger gelangweilt und mehr am Familienleben beteiligt.

Welche Erkenntnis können wir aus diesem Kapitel für den Alltag mitnehmen? Wenn wir Mütter motiviert sind, unsere eigenen Ziele zu finden und zu verfolgen, dann bekommt auch unser Kind Schwung und Lust mitzumachen. Es findet seine eigenen Ziele und verfolgt diese. Der Knoten löst sich, wenn wir uns von äußeren Einflüssen und von der Suche nach Ausreden entlasten. Dann haben wir unseren Weg gefunden.

Kurz und bündig

> Das vielleicht stärkste Bedürfnis von uns Müttern ist, geachtet und anerkannt zu werden. Nur wenn wir uns achten, werden wir geachtet und können auch mit unserem Kind achtungsvoll umgehen.

> Wir sind aufgefordert, den Motivationsknoten zu entwirren. Die Grundvoraussetzung dazu ist zunächst einmal, dass wir uns vom schlechten Gewissen und den faulen Ausreden befreien.

> Wenn wir Mütter unsere eigenen Ziele finden und verfolgen, dann bekommt auch unser Kind Spaß daran, seine eigenen Ziele zu finden und zu verfolgen. Dann löst sich der Motivationsknoten und es kommen Schwung und Lust ins Leben.

4

ACHTUNG VOR DER EIGENEN LEISTUNG

Was tun wir Mütter alles für unser Kind?

Welcher Lohn steht uns als »Familien-
unternehmerin« zu?

Auf welchem Fundament ruht der neue
Erziehungsstil?

Das Achtung-Anziehung-Prinzip

Mit unserem Denken, unserem Fühlen und unserer Ausstrahlung ziehen wir an, was wir aussenden. Das Gesetz der Anziehung wird wirksam. Oder einfacher ausgedrückt: Gleiches zieht Gleiches an.

Wer sich also achtet, der wird von anderen so wahrgenommen und zieht damit Achtung an. Es tritt gewissermaßen das »Achtung-Anziehung-Prinzip« in Kraft. Die Mutter, die ihre eigene Leistung wertschätzt, nimmt wahr, wie ihre Familie mit ihr umgeht. Sie lässt nicht alles mit sich machen. Sie ist sich zu wertvoll. Sie achtet auf ihre Bedürfnisse, besonders auf ihre Gesundheit, und holt sich in ihr Leben, was ihr gebührt, nämlich Achtung und Wertschätzung. Auf diese Weise bewirkt sie Harmonie in ihrem Familienleben.

Sie ist es, die die Zügel für diese Entwicklung in Händen hält. Ihr ist bewusst, dass ihre mütterlichen Erfolge, also alles, was sie aus Liebe zu ihrem Kind tut, dann gesehen und gewürdigt werden, wenn sie diese Leistungen selbst sieht und würdigt. Ihr selbstständiges Handeln ist die Voraussetzung dafür.

Zuversicht ausstrahlen und Akzeptanz erhalten

Um Akzeptanz zu erhalten, meinen wir, wir müssten alles so machen, wie andere es für richtig halten. Das heißt, wir stellen die Werte der anderen über unsere eigenen. Doch wie perfekt wir auch sein und wie gut wir anderen entsprechen wollen, eines ist sicher: Wir können nicht allen alles recht machen. Denn jeder hat andere Vorstellungen. Wir können es nur für uns selbst richtig machen. Wenn wir es für uns selbst richtig machen, strahlen wir Zuversicht aus. Uns wird Akzeptanz entgegengebracht.

Kernfragen:
* Welchen Nutzen und Gewinn haben Sie, wenn Sie das tun, was Sie für richtig halten?
* Wie wirkt sich das auf Ihr Selbstbewusstsein aus?

Entschlussfreude ausstrahlen und Zustimmung für Entscheidungen erhalten

Um Zustimmung für Entscheidungen zu erhalten, meinen wir, vieles auf später verschieben zu müssen. Wir haben einfach Angst, Fehler zu machen. Wir warten auf einen günstigeren Zeitpunkt, während sich Berge unerledigter Aufgaben türmen. Es gibt aber nur einen günstigen Zeitpunkt, und der ist jetzt. Wenn wir gleich anfangen, geht es vorwärts. Wir strahlen Entschlussfreude aus. Und wir bekommen Zustimmung für unsere Entscheidungen.

Kernfragen:
- Welchen Nutzen und Gewinn haben Sie, wenn Sie neuen Herausforderungen die Tür öffnen?
- Wie wirkt sich diese Entscheidungsfreude auf Ihre Partnerschaft aus?

Zufriedenheit ausstrahlen und Ansehen erlangen

Um Ansehen zu erlangen, setzen wir uns unter Druck. Oft meinen wir, dass der Beruf Muttersein allein nicht ausreiche. Und wir glauben, dass wir irgendwelche Erwartungen erfüllen müssen. Es ist allerdings unmöglich, die Erwartungen von anderen zu erfüllen, weil wir nicht wissen, welche Erwartungen das genau sind. Wenn wir stattdessen herausfinden, welche Erwartungen wir selbst in diesem Moment haben, dann können wir danach leben. Dann strahlen wir Zufriedenheit aus und erlangen Ansehen.

Kernfragen:
- Welchen Nutzen und Gewinn haben Sie, wenn Sie wissen, welche Erwartungen Sie im Moment an sich selbst stellen wollen?
- Wie wirkt sich das auf Ihr derzeitiges Leben aus?

Lebensfreude ausstrahlen und Anerkennung bekommen

Um Anerkennung zu bekommen, meinen wir, dass wir extrem viel arbeiten müssen. Wir glauben, dass wir an unseren Leistungen gemessen werden. Die Leistung eines Menschen macht aber nicht dessen Wert aus. Wenn wir also unsere positiven Eigenschaften als unseren eigentlichen Wert erkennen, strahlen wir Lebensfreude aus. Wir bekommen Anerkennung für uns als Person selbst.

Kernfragen:
- Welchen Nutzen und Gewinn haben Sie, wenn Sie sich Ihrer positiven Eigenschaften bewusst sind?
- Wie wirkt sich das auf Ihr Umfeld aus?

Ruhe ausstrahlen und Aufmerksamkeit gewinnen

Um Aufmerksamkeit zu gewinnen, meinen wir, vieles gleichzeitig schaffen zu müssen. Doch ein Tag, der voll mit Verpflichtungen ist, kann nicht friedlich verlaufen. Wir sind angespannt und verbreiten Hektik. Hektik führt dazu, dass wir weniger schaffen. Wenn wir also weniger tun, dies dafür aber konzentrierter, dann bekommen wir ein stabileres Nervenkostüm sowie mehr Vitalität und Ausdauer. Wir schaffen mehr und strahlen Ruhe aus. Uns wird Aufmerksamkeit entgegengebracht.

Kernfragen:
- Welchen Nutzen und Gewinn haben Sie, wenn Sie eine Aufgabe nach der anderen erledigen?
- Wie wirkt sich das auf Ihren Arbeitsstil aus?

Eigeninitiative ausstrahlen und Respekt erhalten

Um Respekt zu erhalten, meinen wir, dass wir anderen ständig mitteilen müssen, was wir alles zu tun haben. Wenn wir aber von der Arbeit reden, raubt uns das viel Kraft. Diese Kraft benötigen wir eher dafür, unsere Arbeit zu verrichten. Wenn wir also weniger reden, haben wir mehr Initiative. So erledigen wir wirklich viel. Wir strahlen Eigeninitiative aus und bekommen Respekt entgegengebracht.

Kernfragen:
- Welchen Nutzen und Gewinn haben Sie, wenn Sie die Dinge unmittelbar anpacken?
- Wie wirkt sich das auf Ihren Energiehaushalt aus?

Freude ausstrahlen und Wertschätzung erhalten

Um Wertschätzung zu erhalten, meinen wir, dass wir uns neben dem Muttersein unbedingt auch noch andere Betätigungen suchen müssen. Die momentane Situation begreifen wir nur als Durchgangsstation. Die Freude des Augenblicks kennen wir nicht. Wenn wir stattdessen die Zeit mit unserem Kind genießen würden, dann würden wir diesen Moment bewusst erleben. Dann nähmen wir wahr, welche Talente in ihm stecken, wie es diese einsetzt und was es aus dem macht, was wir ihm mitgegeben haben. Daran würden wir uns freuen und diese Freude würden wir ausstrahlen. Uns würde Wertschätzung entgegengebracht.

Kernfragen:
- Welchen Nutzen und Gewinn haben Sie, wenn Sie Ihr Muttersein als größte Aufgabe ansehen?
- Wie wirkt sich das auf Ihr Familienleben aus?

Leichtigkeit ausstrahlen und Würdigung erhalten

Um Würdigung zu erhalten, meinen wir, alles perfekt machen zu müssen. Dadurch aber entstehen Routine und Ärger. Wenn wir uns hingegen helfen lassen, werden wir schnell erkennen, dass es sehr gut auch anders geht. Wir könnten unseren Perfektionismus ablegen und mehr Leichtigkeit erlangen. Diese Entspanntheit strahlen wir aus und erhalten dafür Würdigung.

Kernfragen:
- Welchen Nutzen und Gewinn haben Sie, wenn Sie Arbeiten delegieren?
- Wie wirkt sich das auf Ihre Gesundheit aus?

Aufgeräumtheit ausstrahlen und Bewunderung erhalten

Um Bewunderung zu erhalten, meinen wir, dass wir eine anspruchsvollere Tätigkeit vorweisen müssen. Wir grübeln also permanent und sind bei der Aufgabe, die wir aktuell zu erledigen haben, nicht ausreichend engagiert. Wenn wir uns jedoch auf das besinnen, was gerade ansteht, dann sind wir geistig ausgelastet und strahlen Aufgeräumtheit aus. Dafür ernten wir Bewunderung.

Kernfragen:
- Welchen Nutzen und Gewinn haben Sie, wenn Sie sich selbst bewundern?
- Wie wirkt sich das auf Ihr Aussehen aus?

Kürzlich suchte mich Frau S. auf. Sie war auffallend blass und erkennbar angespannt. Ihr Partner zeige nicht das geringste Interesse an Tätigkeiten im Haushalt, klagte sie. Er überließe ihr die ganze Hausarbeit. »Du kannst das alles viel besser, mein Schatz, bei dir geht das alles viel schneller, ich kenne mich da einfach nicht so gut aus«, bekam sie zu hören. Sie war aufgebracht: »Ich arbeite drei Tage in der Woche außer Haus, bereite die Mahlzeiten vor, wenn er mit den Kindern alleine ist, und er füllt nach dem Essen noch nicht einmal Wasser in die Töpfe, geschweige denn, dass er sie abwäscht.«

Den Dauerstress bezahlte Frau S. mit Krankheit und Verbitterung. Sie habe zwar immer wieder Versuche gestartet, die Situation zu verändern, Erfolg habe sie aber nie gehabt, erzählte sie. Mittlerweile glaube sie auch nicht mehr daran, dass man dauerhaft etwas ändern könne. Muttersein, Beruf, Haushalt, Kinder und Partner ließen sich wohl nicht unter einen Hut bringen. Irgendwann sei man eben ausgelaugt.

Auf meine Frage, warum sie sich dennoch aufgerafft habe und zu mir gekommen sei, meinte sie: »Eine Sache hat mich dann doch zum Nachdenken gebracht. Neulich haben Freunde erwähnt, dass ich oft überreagieren würde und dass ich mich in den letzten Jahren schon sehr verändert hätte. Das habe ich mir zu Herzen genommen. Denn früher war ich auffallend fröhlich. Offenbar ist mir der Spaß in den letzten Jahren gründlich vergangen. Aber das fällt einem selbst ja nie auf. Manchmal müssen andere Menschen einen mit der Nase darauf stoßen, bis man anfängt, zu denken und zu handeln.« Ich kam zu dem Schluss: Wenn Frau S. durch Stress ihre Fröhlichkeit verloren hat, dann solle sie den Stress loswerden, um so ihr frohes Wesen wieder zum Vorschein kommen zu lassen.

Ich schlug ihr daher vor: »Sie können Ihren Stress loswerden. Das Einfachste ist, wenn Sie zu sich und zu Ihrer Arbeit eine neue

Einstellung finden. Das bedeutet, dass Sie anfangen, Ihre eigene Leistung zu würdigen und sich Beachtung zu schenken.«

Frau S. zweifelte: »Und das soll bei meinem Partner etwas bewirken? Soll er sich etwa an der Arbeit beteiligen, nur weil ich plötzlich meine Leistung hoch einschätze?« Ich ließ nicht locker: »Wenn Sie erst einmal richtig erkannt haben, was Sie jeden Tag tun und – so ganz nebenbei – über all die Jahre getan haben, und wenn Sie deshalb einen Riesenrespekt vor sich haben, dann werden Sie eine tiefe innere Sicherheit fühlen. Die Sicherheit wird Sie locker machen und Ihr Partner wird das spüren. Sie schaffen es, sich Ihrem Partner gegenüber klar und eindeutig auszudrücken, und das sogar ruhig und freundlich. Sie überlegen dann nämlich erst, wie Sie die Dinge haben wollen, bevor Sie Ihrem Partner etwas auftragen. Und weil Sie von dem, was Sie sagen, von Ihrer eigenen Meinung also, wirklich überzeugt sind, kommt das bei Ihrem Partner auch so an. Er spürt sofort: Oh, sie meint es wirklich ernst.«

Frau S. hatte zunächst große Bedenken, ob das auch tatsächlich so eintreten würde. Sie griff dennoch nach dem letzten Zipfel Hoffnung. Zu ihrem großen Erstaunen stellte sie später fest, dass ihr Partner keineswegs so widerspenstig war, wie sie glaubte. Anfangs zeigte er sich zwar überrascht, doch nach und nach freute er sich über die Aufwertung als Vater und als Partner im Haushalt. Ich sah, wie der Stress von ihr wich. Ihr Gesicht wurde von Mal zu Mal entspannter. Sie und ihr Partner entwickelten mittlerweile richtig Spaß daran, gemeinsam zu werkeln. Sogar die »heißen Eisen« in der Erziehung wurden ungeniert angepackt.

Und ich gestehe, dass ich selbst überrascht war. Der Karren schien so hoffnungslos festgefahren. Doch mittlerweile läuft der Motor rund. Frau S. fand ihr seelisches Gleichgewicht wieder, auch und vor allem, weil sie von nun an auf das eigenverantwortliche Mitwirken ihres Partners bauen durfte.

Welche Erkenntnis können Sie aus diesem Fall für Ihren Alltag mitnehmen? Wenn Aufgaben partnerschaftlich aufgeteilt werden, finden beide Teile gleichermaßen Anerkennung bei ihrem Partner. Sie können sich nun Schwächen zugestehen und Kraft aus ihren Erfolgen schöpfen. Fragen Sie sich daher immer: Wofür kann ich mich achten? Welche meiner Leistungen darf ich schätzen? Es geht dabei nicht nur um große Dinge. Es sind die kleinen Begebenheiten, die Mütter als Erfolgserlebnisse verbuchen sollten: das Strahlen in den Augen ihres Kindes z.B. oder das wohlige Lächeln des Partners, wenn er sich in sein frisch überzogenes Bett plumpsen lässt.

Denn nur wenn Sie diese Kleinigkeiten als Erfolgserlebnisse verbuchen und auch bewusst wahrnehmen, entstehen in Ihnen Gefühle wie Ruhe, Zuversicht, Zufriedenheit, Aufgeräumtheit, Leichtigkeit und Freude. Sie füllen dadurch Ihre Krafttanks auf. Sie sehen Ihre Arbeit und die Ihres Partners als selbstverständlichen Beitrag für ein funktionierendes Zusammenleben.

Es ist wie bei einer Wäscheleine. Die Pfähle sind die großen Freuden, aber das Leben spielt sich in den kleinen, täglichen Erfolgserlebnissen ab, in den vielen bunten Kleidungsstücken an der Leine, die das Bild beleben.

Was tut eine Mutter alles für ihr Kind?

Die nachfolgende Aufstellung zeigt Ihnen, was Sie alles für Ihr Kind tun. Bewundernswert. Diese Aufgaben übernehmen Sie tagtäglich. Davon erledigen Sie die meisten gleichzeitig, im Multitasking, für viele Jahre, ohne zu diskutieren und meist stillschweigend – aus Liebe zu Ihrem Kind, einfach nur aus Mutterliebe.

Eine Auswahl an Tätigkeiten und deren ungefähre Häufigkeit, bis Ihr Kind 16 Jahre alt ist

Ernährung/Gesundheit

Arztbesuche vornehmen/verarzten/Krankenpflege	240-mal
Die Bedeutung von gesunder Ernährung und Bewegung erklären	17.520-mal
Essen austeilen	5.840-mal
Die Familie um den Tisch versammeln	4.320-mal
Füttern mit dem Löffel	3.280-mal
Kochen	5.180-mal
Pausenbrote streichen und verpacken	3.200-mal
Spielplätze aufsuchen und für Bewegung sorgen	1.820-mal
Stillen/Fläschchen geben	1.460-mal
Tisch decken	5.840-mal

Lernen/Bildung/Freizeit

Bringen zum und Abholen vom Kindergarten	1440-mal
Die Welt erklären	17.520-mal
Elternabende, Infoabende und Sprechstunden besuchen	120-mal
Freizeitaktivitäten organisieren (inklusive Transport)	3.460-mal
Freunde einladen/soziale Kontakte aufrechterhalten	1.730-mal
Hausaufgaben überwachen/Schulranzen kontrollieren	1.600-mal
Schlafenszeiten lernen/Gutenachtlied singen/Gutenachtgeschichte vorlesen	2.190-mal
Unterschriften leisten	3.840-mal
Veranstaltungen und Museen gemeinsam besuchen	160-mal
Wochenend- und Ferienpläne erstellen	800-mal

Körperpflege/Ankleiden

Baden/duschen/Haare waschen	1.080-mal
Gesicht waschen	2.920-mal
Haare kämmen	2.190-mal
Hände waschen	4.380-mal
Kleidung (Unterwäsche, Oberbekleidung, Jacke) anziehen	4.380-mal
Nägel schneiden	540-mal
Schlafanzug anziehen	2.190-mal
Schuhe binden	5.840-mal
Wickeln/Intimpflege	3.290-mal
Zähne putzen	4.380-mal

Feste/Feiern/Schenken

Einladungen für Kindergeburtstage schreiben	16-mal
Dekorieren/Dekorationsartikel basteln	80-mal
Geburtstagskuchen backen	16-mal
Geburtstags- und Weihnachtsgeschenke aussuchen und besorgen	32-mal
Geschenke verpacken/Karte schreiben	80-mal
Kindergeburtstage ausrichten	16-mal
Kirchliche Feste, Vereinsfeiern, Kindergarten- und Schulfeste ausrichten	60-mal
Mitbringsel für Freunde, die Lehrerin etc. besorgen	160-mal
Spiele vorbereiten	32-mal
Verpflegung der Gäste	20-mal

Haushalt/Einkaufen

Bett beziehen	190-mal
Kleidung einkaufen	80-mal
Kleidung flicken	80-mal
Lebensmittel einkaufen	2.590-mal
Ordnung im Kinderzimmer beibringen	5.840-mal
Ordnung in der Garderobe beibringen	5.840-mal
Schulsachen und Utensilien für Freizeitaktivitäten besorgen	1.080-mal
Wäsche bügeln und zusammenlegen	2.590-mal
Wäsche waschen	2.590-mal
Wäsche zum Trocknen aufhängen	2.590-mal

All diese Erfolgserlebnisse dürfen Sie für sich verbuchen.

Welcher Lohn steht einer Mutter als Managerin eines Familienunternehmens zu?

Lernen Sie, Ihre Leistung als Mutter zu schätzen und wertzuschätzen. Wie viel würden Sie mindestens verdienen, wenn Ihre Arbeit bezahlt werden würde? Verschaffen Sie sich einen Überblick.

Beruf im Vergleich mit einer Fachkraft	Aufgaben	Wochen-arbeitszeit in Stunden	Verdienst in Euro pro Stunde	Wochen-verdienst in Euro
Planerin und Koordinatorin	Erstellt die Tages- und Wochenplanung unter Berücksichtigung der bestehenden und eventuell hinzukommen-den Termine; plant Einkäufe	6,0	30,00	180,00
Einkäuferin	Wählt unter geringstem Zeitaufwand die besten Zutaten für eine gesunde Ernährung und besorgt alle Dinge des täglichen Bedarfs	3,0	30,00	90,00
Köchin	Bereitet aus den vorhandenen Zutaten eine abwechslungsreiche und allen gerecht werdende Menüfolge zu	9,0	40,00	360,00
Gesellschafterin	Begleitet vor allem während der Mahlzeiten, wenn es wieder besonders lang dauert	3,0	20,00	60,00
Küchenhilfe	Räumt Küche und Essplatz nach den Mahlzeiten wieder auf	3,0	15,00	45,00
Kindermädchen	Spielt mit den Kindern, verbringt die Nachmittage auf dem Spielplatz	18,0	15,00	270,00

Chauffeurin	Kutschiert vom Sporttraining zur Musikstunde, vom Kindergarten zur Freundin und vom Arzt zu Oma und Opa	6,0	15,00	90,00
Sekretärin	Erledigt Büroarbeiten wie Korrespondenz, Telefonate, Terminvereinbarungen	9,0	25,00	225,00
Putzfrau	Sorgt für Sauberkeit im Haus, wäscht und bügelt	9,0	15,00	135,00
Ehefrau	Tauscht sich mit dem Ehemann aus, bespricht Ereignisse oder Probleme etc.	6,0	0,00	0,00
Ärztin/ Krankenschwester und Lehrkraft	Untersucht, erstellt Diagnosen, übernimmt die Erstversorgung, entscheidet über Behandlungsmethoden, übernimmt die körperliche und seelische Krankenpflege, unterstützt, vermittelt Wissen, gibt Auskunft, unterrichtet, macht Verbesserungsvorschläge, wählt Themen aus, schafft Anreize	5,0	50,00	250,00
Eventmanagerin	Übernimmt die Planung der Freizeitgestaltung, besonders am Wochenende	1,5	35,00	52,5
Musikerin	Bringt den Kindern Lieder bei; sorgt dafür, dass die Kinder ihre Musikalität entfalten können	1,0	0,00	0,00
Elternbeirätin	Schreibt Artikel fürs Gemeindeblatt, bereitet Feste vor, vertritt den Kindergarten nach außen	0,5	0,00	0,00
Gärtnerin/ Hausmeisterin	Hält den Garten in Ordnung, mäht den Rasen, räumt Schnee	3,0	20,00	60,00

Handwerkerin	Erledigt kleinere Reparaturen an Haus und Möbeln	1,0	35,00	35,00
Schneiderin	Flickt und bessert Kleidungsstücke aus	1,0	25,00	25,00
Kommunikations-expertin	Hat immer ein offenes Ohr für Freuden und Sorgen anderer, übernimmt die telefonische Kommunikation innerhalb der Familie und des Freundeskreises	2,5	0,00	0,00
Seelsorgerin, Psychologin, Philosophin	Versorgt die Seele des Kindes und erklärt die Welt	5,0	0,00	0,00
Gesamt pro Woche		92,5		1.877,50
Gesamt pro Monat (x 4)		370,0		7.510,00

Hätten Sie das gedacht, dass Ihre Leistung als Mutter einem Monatsgehalt von 7.510 Euro entspricht? Das kommt dem Gehalt eines Managers gleich. (Hierbei sind die Zuschläge für Nachtarbeit und die Versorgung im Krankheitsfall nicht berücksichtigt, ganz zu schweigen von der Tätigkeit als Seelsorgerin und Psychologin.) Bitte achten Sie auch auf die Höhe der Wochenstunden!

Leben nach dem Achtung-Anziehung-Prinzip

Wenn wir einen positiven Kreislauf in Gang setzen wollen, ist es an uns, dafür zu sorgen, dass es uns selbst gut geht und dass uns in der Folge Achtung entgegengebracht wird. Dass wir also zufrieden sind, ganz nach dem Achtung-Anziehung-Prinzip, nach dem die Mutter selbst entscheidet, wie sie die Dinge haben möchte. Weil sie sich bewusst entscheidet, ist sie von ihrer Meinung überzeugt. Sie ist sicher und klar im Ausdruck. Sie handelt dann spontan und ohne überlegen zu müssen, also intuitiv und wissend. Sie strahlt Sicherheit aus. Sie achtet sich und wird geachtet.

Bezogen auf die Erziehung bedeutet das: Ich erziehe mein Kind automatisch, also ohne überlegen zu müssen, so, dass ich es achte, und es wird sich dann ebenfalls achten.

Und bezogen auf unsere Haushaltstätigkeit heißt das: Wenn wir unsere Arbeit innerhalb der Familie als ernsthafte Tätigkeit bewerten, wird diese Arbeit ebenso aufrichtig bewertet.

Entsprechend stark schätzen wir uns ein und werden als stark empfunden. Aus dieser Stärke heraus können wir uns Fehler zugestehen. Wir können uns von unserem schlechten Gewissen befreien und aufhören, über Altes, Vergangenes und Schlechtes nachzudenken. Wäre es nicht ein Jammer, wenn wir unsere besten Jahre damit vergeuden, auf den großen Startschuss zu warten? Denn fühlen wir nicht in unserem tiefsten Inneren, dass wir für uns selbst sorgen müssen? Dass dies kein anderer für uns besorgen kann? Dass keiner uns mit uns versöhnen kann? Dass keiner uns zeigen kann, was alles in uns steckt? Wer wir wirklich sind? Fühlen wir uns endlich angekommen in unserem Leben.

Wir beginnen unser Denken in eine neue Richtung zu lenken, indem wir uns gründlich durchforsten nach dem, was wir eigentlich möchten und was wir ausstrahlen wollen. Zeigen wir ein finsteres Gesicht und schaffen uns auf diese Weise eine Umgebung mit finsteren Gesichtern oder ziehen wir es vor, gut gelaunt durch die Welt zu gehen und dadurch fröhliche Gesichter gegenüberzuhaben?

Wir haben es in der Hand, wie viel Achtung uns die Umwelt entgegenbringt. Schätzen wir unsere eigene Arbeit hoch ein, dann können wir auch die Arbeit unserer Mutter, unseres Kindes, unseres Partners, unserer Schwiegermutter, die Arbeit der Lehrer, Erzieher und die Arbeit anderer Mütter hoch einschätzen. Diese schätzen unsere Arbeit ebenfalls hoch ein. So wird Achtung gespiegelt.

Frau S., die so eindrucksvoll das Ruder herumgerissen und in ihrer Familie einen positiven Kreislauf in Gang gesetzt hatte, profitierte davon. Ihr war anzusehen, wie gut ihr der partnerschaftliche Umgang in der Familie tat. Ihr Gesicht strahlte auffallend und ihre Attraktivität war unübersehbar: »Ich hätte nie gedacht, dass ich jemals wieder so viel Energie bekommen würde. Ich kann es kaum fassen, aber ich packe gerade eine Sache an, eine lange gehegte Idee hinsichtlich einer beruflichen Veränderung.«

Erziehen nach dem Achtung-Anziehung-Prinzip

Wenn wir Achtung anziehen wollen, müssen wir vor allem Stärke entwickeln. Weil wir Mütter heute in der westlichen Welt aber so viele Freiheiten haben wie nie zuvor und weil unsere Welt zusehends unübersichtlicher wird, ist es für uns so schwierig, Stärke, insbesondere Entscheidungsstärke, zu entwickeln. Wir sehnen uns nach emotionaler Stabilität und Beständigkeit, um herauszufinden, was gut für uns ist, um Eigenregie übernehmen zu können, also um über die grundlegenden Aspekte unseres Lebens selbst entscheiden zu können.

Während Sie sich mit den Provokationen im Kapitel 9 auseinandersetzen, werden Sie Zug um Zug dorthin gelangen. Sie gewinnen Abstand vom Stress des Alltags und langsam und sicher Freiheit von den kleinen täglichen Stürmen unnötiger Wünsche. Diese Freiheit erleichtert Ihnen den Alltag. Sie werden einen Instinkt dafür entwickeln, wie Sie diese beherzt ergreifen, um Ihr Leben und das Ihrer Familie nach Ihren Bedürfnissen zu gestalten. Sie hilft Ihnen zu erkennen, dass es, besonders wenn Sie für Ihre Kinder sorgen, sinnvoll ist, verantwortungsbewusst, verlässlich und pünktlich zu sein. Dass Sie Gewissenhaftigkeit und Verträglichkeit über moderate Veränderungen erreichen. Dass Sie Ihr Familienleben bewusst mit regenerativen Pausen gerade für sich selbst so einrichten, dass es zum Zentrum und zur Quelle von Kraft für Sie und Ihre Familie wird. Das, was Sie an Gutem in Ihrer Familie säen, werden Sie als Lohn vielfach zurückbekommen. Das bringt bessere Zinsen als so manches Sparbuch oder eine andere Geldanlage. Das befriedigt. Überdies schaffen Sie mit einem gesunden Familienleben sich, Ihren Kindern und Ihrem Partner die nötige Geborgenheit, um für die Stürme des Alltags gerüstet zu sein. Und falls diese gelegentlich allzu heftig blasen, die Möglichkeit, sich in der Vertrautheit der Familie auch wärmen zu können. Das bewirkt Stärke und macht belastbar.

Drei Strategien können Ihnen dabei helfen: die Konzentration auf das Wesentliche, die positiven Gefühle und die Klarheit im Ausdruck.

Konzentration auf das Wesentliche

Das Wesentliche ist das, was Sie benötigen, um Ihrem Wesen entsprechen zu können. Drei Denkanstöße hierzu:

- Überprüfen Sie die Qualität Ihrer Nahrung und Ihrer körperlichen Aktivität.
- Überprüfen Sie die Qualität Ihrer Beziehungen. Was geschieht, wenn Sie Ihre Beziehungen auf Menschen beschränken, die Ihnen wirklich etwas bedeuten?
- Machen Sie Zeitvergeudung ausfindig. Was geschieht, wenn Sie aufhören, Ihre Zeit zu vergeuden?

Wenn Sie Platz, Zeit und Kraft für das Wesentliche geschaffen haben, erwachen in Ihnen schlummernde, ungeahnte Fähigkeiten.

Positive Gefühle

Das sind Wohlfühlfaktoren wie Stärke, Selbstbewusstsein, Zufriedenheit, Optimismus, Sicherheit und Gelassenheit. Mit diesen Gefühlen machen Sie sich nun auf die Suche nach Ihren Talenten. Wieder drei Denkanstöße:

- Was hat Sie immer schon brennend interessiert?
- Machen Sie Gedanken ausfindig, mit denen Sie sich und Ihre Talente blockieren.
- Womit beginnen Sie, wenn Sie aufhören zu denken: »Das kann ich nicht«, »Das konnte ich noch nie«?

Sie werden sehen, wie motiviert Sie plötzlich zupacken und wie effektiv Sie arbeiten, weil Sie so mehr Freiräume für Ihre Talente zur Verfügung haben. Diese neue positive Kraft überträgt sich auf Ihr Kind. Es wird interessierter, geht offener und mutiger auf Kameraden zu und beteiligt sich insgesamt aktiver am Leben, weil es Ideen entwickelt, wie es seine Freiräume ausfüllen kann. Sein Hang zum Rauszögern des Beginnens weniger angenehmer Tätigkeiten ist damit gebändigt.

Klarheit im Ausdruck

Wenn Sie gelernt haben, sich auf das Wesentliche zu konzentrieren, und wenn positive Gefühle erwacht sind, dann klärt sich einiges. Sie können nun beginnen, sich klarer auszudrücken. Wie aber drücken Sie sich unmissverständlich aus?

- Überlegen Sie genau, was Sie konkret wollen.
- Ihre Forderung (Anweisung) an Ihr Kind darf nicht übertrieben sein, soll also erfüllbar bleiben. Nur so sind Sie für Ihr Kind berechenbar.
- Sie können Ihre Wünsche ruhig und freundlich formulieren. Sie brauchen deshalb keine Angst zu haben, nicht für voll genommen zu werden.

Im Laufe der Zeit überträgt sich Ihre Sicherheit auf Ihr Kind. Es lernt, sich selbstbewusst und eindeutig zu äußern. Es macht den Mund auf.

Die Umsetzung des Erziehungsstils nach dem Achtung-Anziehung-Prinzip

Wie lässt sich der Erziehungsstil nach dem Achtung-Anziehung-Prinzip in die Praxis umsetzen? Ganz einfach: durch Kontinuität im Alltag, durch Freude am Kind und durch mehr Freiräume.

Kontinuität im Alltag
Unser Erfolg als Mutter baut auf Strukturen, mit denen wir unserer Familie Halt im Alltag geben.

Punkt 1: Ordnung und Regeln
Weil die Mutter nicht jeden Tritt und jede Regung mit ihrem Kind gemeinsam machen kann, stellt sie Regeln für die Ordnung auf, die sie für erforderlich hält. Diese sind der verlängerte Arm der Mutter. Durch Regeln und Ordnung leitet die Mutter ihr Kind indirekt. Ihr Kind liebt diese Regeln, auch wenn es das offiziell nicht zugibt. Dennoch äußern sich viele Kinder wie folgt: »Durch die Regeln ist mein Leben weniger anstrengend.« Es empfindet diese wie ein Geländer, so als reiche ihm die Mutter die Hand zum Festhalten. Regeln geben dem Kind Sicherheit. Insbesondere beim Streitthema Fernsehen sind Kinder außerordentlich dankbar für eindeutige Ansagen. Bemerkung am Rande: Die

Bundeszentrale für gesundheitliche Aufklärung gibt dazu detaillierte Empfehlungen. Lesen Sie mehr dazu in Kapitel 9.

Kernfrage: Welchen Nutzen und Gewinn haben Sie, wenn Ihre Regeln eingehalten werden?

Punkt 2: Pflichten

Die Pflichten sind die Gehilfen der Mutter. Mit Pflichten wachsen die Kinder zu eigenverantwortlichen Persönlichkeiten heran. Die Erfüllung der Pflichten trägt außerdem zum Überleben der Familien bei.

Kernfrage: Welchen Nutzen und Gewinn haben Sie, wenn Aufgaben ohne Diskussionen ausgeführt werden?

Punkt 3: Mahlzeiten

Gemeinsam eingenommene Mahlzeiten geben der Familie Halt. Wenn die Mutter Gemeinschaft in der Familie erreichen will, sorgt sie dafür, dass zumindest eine gemeinsame Mahlzeit pro Tag stattfindet.

Kernfrage: Welchen Nutzen und Gewinn haben Sie, wenn Sie Ihre Familie einmal pro Tag um den Familientisch versammeln?

Punkt 4: Rituale

Rituale, wie z.B. der Gesang oder das Gebet zu Beginn oder zum Ende einer Mahlzeit, machen auch die Kultur einer Familie aus.

Kernfrage: Welchen Nutzen und Gewinn hat Ihre Familie, wenn ein Ritual zu Beginn und am Ende einer Mahlzeit eingeführt wird?

Punkt 5: Bewegung und Sport

Bewegung hält unseren Motor in Gang. Weil die Mutter ihre Familienmitglieder nicht mehr antreiben möchte, sorgt sie dafür, dass sich alle genügend bewegen.

Kernfrage: Welchen Nutzen und Gewinn haben Sie, wenn Sie dafür sorgen, dass alle Familienmitglieder genügend Sport treiben?

Punkt 6: Gewohnheiten

Gewohnheiten entlasten das Denken. Dazu gehören auch und vor allem Benehmen, Höflichkeit und Höflichkeitsformen.

Kernfrage: Welchen Nutzen und Gewinn haben Sie, wenn Sie auf ein gutes Benehmen Ihrer Kinder schauen und damit sicher sein können, dass sie das Rüstzeug für das Zusammenleben mit anderen haben?

Punkt 7: Soziale Kontakte

Soziale Kontakte sind die Verankerung der Familie in der Gesellschaft. Jede Mutter wird sich daher dafür einsetzen, dass ihr Kind anerkannt und sozial gut vernetzt ist.
Kernfrage: Welchen Nutzen und Gewinn haben Sie, wenn Sie auf andere Menschen zugehen?

Punkt 8: Ungeteilte Aufmerksamkeit

Eine Mutter, die einen guten Draht zu ihrem Kind haben möchte, widmet sich einmal pro Tag eine Viertelstunde ihm allein und achtet auf körperliche Zuwendung.
Kernfrage: Welchen Nutzen und Gewinn haben Sie, wenn Sie sich für Ihr Kind täglich eine Viertelstunde lang uneingeschränkt interessieren?

Freude am Kind

Wenn wir den täglichen Kleinkram geregelt haben, sehen wir unser Kind wieder als großes Wunder und sind dankbar, dass es uns anvertraut ist. Dass wir dieses Wesen zu einem eigenständigen Menschen großziehen dürfen. Dann haben wir auch Lust und Muße, auf folgende Fragen Antworten zu finden:

- Warum haben wir uns ein Kind gewünscht?
- Was ist uns für unser Kind wichtig?
- Was bezwecken wir mit der Erziehung unseres Kindes?
- Welche Werte möchten wir unserem Kind vermitteln?
- Wie und wobei vermitteln wir ihm diese Werte?
- Woran erkennen wir, dass bei unserem Kind ankommt, was wir ihm wünschen?
- Welche konkreten Anzeichen zeigen uns das?

Freiräume

Wir Eltern gestehen uns Freiräume zu, wenn wir uns vom Alltag nicht mehr getrieben fühlen.

Lassen Sie sich daher von folgenden Fragen inspirieren:

- Weshalb benötigen wir als Eltern Freiräume für unsere Partnerschaft?
- Was sind unsere Prioritäten?
- Weshalb wollen wir Erfreuliches in unserer Partnerschaft sehen?
- Wobei helfen wir uns gegenseitig?
- Wie erkennen wir, dass wir im Alltag belastbar sind?
- Welches Gefühl möchten wir beim Zubettgehen haben?

Frau S. ging übrigens klug vor. Sie konnte sich gut in ihre Familie hineinversetzen und sich auch lebhaft vorstellen, dass zu viele Veränderungen in zu kurzer Zeit das Chaos nur vergrößern würden. Daher änderte sie erst nach und nach gewisse Gepflogenheiten. Zum Beispiel bestand sie darauf, dass die Kinder ihre Kleidungsstücke und Schuhe immer an denselben Platz räumten. Wenngleich es anfangs Widerstand gab und sie regelmäßig kontrollieren musste, ein Zurück zum alten Schlendrian kam für sie nicht in Frage (lesen Sie dazu auch Kapitel 7). Die Kinder sahen schließlich ein, dass die Mama nun tatsächlich Ernst machte. Im Hause kehrte wieder Ordnung ein – und auch im schulischen Bereich.

Kurz und bündig

> Wenn wir Mütter uns achten, dann tritt das Achtung-Anziehung-Prinzip in Kraft.

> Wenn wir Achtung in Form von Zuversicht, Entschlussfreude, Zufriedenheit, Lebensfreude, Ruhe, Eigeninitiative, Freude, Leichtigkeit und Aufgeräumtheit ausstrahlen, holen wir Achtung in Form von Akzeptanz, Zustimmung, Ansehen, Anerkennung, Aufmerksamkeit, Respekt, Wertschätzung, Würdigung und Bewunderung in unser Leben.

> Vergessen wir nie: Gleiches zieht Gleiches an.

5

WEG MIT DEM SCHLECHTEN GEWISSEN!

Wie können Sie Ihr schlechtes Gewissen loswerden?

Womit beginnen Sie nach Ihrer Vergangenheit?

Wie ändern sich Ihre Beziehungen zum Positiven?

Weg mit dem schlechten Gewissen!

Es hat keinen Sinn, über die Vergangenheit zu grübeln und die Gedanken immer wieder um die gleichen Fehler kreisen zu lassen. Diese Fehler sind ebenso wenig rückgängig zu machen wie die Geschehnisse, die wir bei aller Anstrengung unseres Geistes nicht verstehen können. Wir können das Vergangene nur ruhen lassen. Deshalb: Werfen Sie den Ballast über Bord. Lösen Sie die Bremsen. Entscheiden Sie sich zur Aktivität. Denken und handeln Sie. Machen Sie sich frei. Hören Sie auf, ein schlechtes Gewissen zu haben. Entscheiden Sie sich für Liebe und Anerkennung, denn es ist genug Liebe für alle da. Beginnen Sie unverzüglich damit. Schenken Sie sich Beachtung. Nutzen Sie Ihre Gene. Verlassen Sie das Schweigen. Es ist Ihr Leben. Bestimmen Sie darüber. Ab sofort. Erst wenn Sie Ihr schlechtes Gewissen abgelegt haben, eröffnet sich Ihnen das wirkliche Leben:

- Sie registrieren Fakten und Tatsachen und hören auf, zu grübeln und zu interpretieren.
- Sie fragen, statt Selbstgespräche zu führen.
- Sie sprechen aus, wonach es Sie drängt.
- Sie versuchen, für eine Situation, an der Sie nichts ändern können, eine gewinnbringende Lösung zu finden.

Am besten, Sie nehmen sofort Ihr Schild von der Stirn, auf dem geschrieben steht: »Ich bin unsicher. Ich habe ein schlechtes Gewissen«, und ersetzen es durch ein neues. Was sollen andere darauf lesen können?

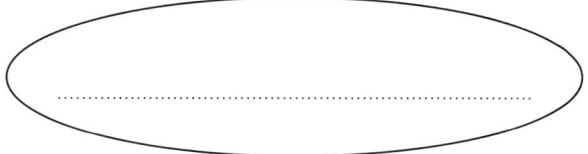

Mit diesem Schild geben Sie Ihrer Umwelt und besonders Ihrem Kind das Signal: »Jetzt wird gehandelt. Jetzt sehe ich klar!«

Seit Jahren macht sich Frau T. ein schlechtes Gewissen, weil sie voll berufstätig ist und daher ihr Kind in andere Hände geben muss. Sie ist todunglücklich: »Ich fühle mich weder in meinem Job noch als Mutter richtig gut. Vor lauter schlechtem Gewissen meinem Kind gegenüber lasse ich dann die Dinge oft schleifen. Manchmal habe ich nach der Arbeit auch einfach zu wenig Kraft. Schließlich muss man sich ja unglaublich anstrengen, um die Konzentration in seinem Job aufzubringen, wenn man sich schlecht, oft sogar regelrecht unzulänglich oder gar als Rabenmutter fühlt, weil man sein Kind alleine lässt. Kürzlich bekam ich dann aus der Schule die Mitteilung, mein Kind sei unkonzentriert und die Noten hätten die Tendenz nach unten.«

Frau T. hat wirklich eine Nuss zu knacken: ihr schlechtes Gewissen. Es ist einfach da. Wie auch immer sie die Dinge dreht und wendet, immer drückt sie das schlechte Gewissen. Es zieht sie nach hinten wie ein mit Steinen gefüllter Rucksack. Jeden Tag und vor allem immer dann, wenn Schwierigkeiten auftauchen, setzt sie den Ranzen ab und öffnet ihn, um nachzusehen, ob die Lasten der Vergangenheit auch noch alle da sind. Anschließend verschließt sie ihr Bündel sorgfältig und lädt es sich wieder auf den Rücken. Warum wirft sie das bleischwere Gewicht ihrer Vergangenheit nicht einfach weg?

Es hat keinen Sinn, die Vergangenheit über uns bestimmen und entscheiden zu lassen. Wir haben das Schlechte in unserem Leben genug bedacht, bearbeitet und bereut. Wenn wir Fehler gemacht und Schuld auf uns geladen haben, dürfen wir uns dazu entscheiden, heute besser zu leben. Wir dürfen klar sehen: Jetzt ist Schluss. Jetzt ist der Wendepunkt.

Hier muss die Nuss geknackt werden. Sie dürfen sich Ziele setzen. Sie dürfen nun eigene Anschauungsweisen entwickeln und klar Stellung beziehen. Ohne schlechtes Gewissen geht das völlig mühelos vonstatten. Sie brauchen nicht mehr zu grübeln und Sie handeln stattdessen intuitiv-klug.

Frau T. hat endlich ihren Rucksack abgeworfen. »Plötzlich sehe ich vieles ganz anders. Das ewige ›Was-wäre-wenn-und-hätte-ich-doch-nur‹ hat aufgehört. Früher habe ich mir mein Leben unnötig schwer gemacht. Schon morgens beim ersten Augenaufschlag schoss es mir durch den Kopf: Oje, was kommt heute wieder? Dann habe ich die Angelegenheiten des Alltags, die einfach nur gelöst gehört hätten, zu Problemen aufgebauscht. Ich ahnte auch, dass es früher oder später zu Schwierigkeiten in der Schule kommen würde. Dabei liebe ich mein Kind und meine berufliche Tätigkeit.«

Frau T. kann ihr Leben plötzlich klarer und von einer anderen Warte aus sehen. In ihrem Kopf hat sich das Gewirr aus Vergangenheit und Gegenwart gelichtet. Sie ist sortiert. Mit der Lehrerin kann sie nun sehr sachlich über ihr Kind sprechen. Sie nimmt deren Informationen einfach als Tatsache, als Fakt, hin, ohne sie mit Emotionen zu vermischen. Sie betrachtet die Dinge objektiv. Sie schlussfolgert: »Ich habe verstanden. Mein Kind passt im Unterricht nicht auf. Es ist unkonzentriert. Es schaut zu viel fern.« Wie oft hatte sie sich in der Vergangenheit über das Thema Fernsehen aufgeregt! Erst kürzlich noch versetzte sie ein Artikel in Aufruhr, in dem ein Hirnforscher gewarnt hatte, dass der steigende Fernsehkonsum zu schlechteren Zensuren führe und überdies das Suchtrisiko erhöhe. Jetzt hat Frau T. kein schlechtes Gewissen mehr. Sie handelt und beschränkt die Fernsehzeit ihres Kindes auf das Wochenende – der besseren Kontrolle wegen (mehr dazu lesen Sie im Kapitel 9).

Zwei Wochen dauerte es, bis sich das neue Freizeitverhalten zwischen Frau T. und ihrem Kind eingependelt hatte. Heute hat ihr Kind mehr Zeit für Basteleien und für Spiele. Auch im Haushalt hilft ihr Sprössling gerne mit. Mir gegenüber erwähnte das Kind mit Stolz: »Neulich abends hat sich die Mama die Haare gewaschen und ich habe den Tisch gedeckt und Spaghetti mit Tomatensoße gemacht. Es hat ihr sogar geschmeckt.« »Und wie hast du dich dabei gefühlt?«, fragte ich. »Wie die Mama, die Chefin«, antwortete das Kind und setzte sich im Stuhl aufrecht hin. Seit diesem Zeitpunkt fühlt es sich nützlich und nicht wie ein Gast im eigenen Heim. Es darf mithelfen, es lernt Ordnung hal-

ten und es spürt das entspannte Gefühl, in einer aufgeräumten Familie zu sein.

Frau T. denkt und sieht ohne schlechtes Gewissen klarer. Es hat sich viel geändert bei ihr. Nicht nur beim Aufwachen ist sie sortierter. Sie überblickt ihre Themenbereiche leichter und unterscheidet Sachliches von Emotionalem. Und das nur, weil sie ihr schlechtes Gewissen in den Griff bekommen hat.

Merken wir uns: Das schlechte Gewissen ist nicht »irgendetwas«, das nicht greifbar ist. Wir können es in den Griff bekommen. Wir brauchen nicht mehr Zuschauer unseres eigenen Lebens zu sein. Wir können uns daran beteiligen. Wir können etwas dafür tun, wie sich unser Leben nach unserer Vergangenheit abspielt.

Kernfrage: Womit beginnen Sie nach Ihrer Vergangenheit?
Sie haben Ihr schlechtes Gewissen abgelegt und haben damit mehr Kapazität zur Verfügung. Sie haben nicht mehr das Gefühl, Sie müssten begründen oder rechtfertigen. Die Dinge kommen einfach auf Sie zu. Sie können Sie annehmen. Ihr Leben wird selbstverständlich. Sie können sich fallen und helfen lassen.

Wenn Sie kein schlechtes Gewissen mehr haben, verändert sich das Verhältnis zwischen ...

Mutter und eigener Mutter

Wenn Sie kein schlechtes Gewissen mehr haben, fangen Sie an zu handeln und Sie übernehmen für sich die Verantwortung. Damit ist Vergangenes für Sie nicht mehr so wichtig. Sie akzeptieren Ihre Mutter und Sie akzeptieren sich. Sie hören auf, Ihre Mutter für Ihr Leben verantwortlich zu machen.

Mutter und Kind

Wenn Sie kein schlechtes Gewissen mehr haben, hören Sie auf, sich bei Ihrem Kind anzubiedern. Sie fangen an, mit Ihrem Kind freundlich und unmissverständlich zu sprechen. Auf diese Weise geben Sie ihm Sicherheit. »Mein Kind fragt mich und bittet mich um Hilfe, anstatt damit zu rechnen, dass ich schon sehe, was es braucht oder dass ich es danach frage.« Sie vertrauen Ihrem Kind. Sie wissen intuitiv, wann Sie nichts tun brauchen. Sie geben ihm Raum, weil Sie wissen, dass es Selbstheilungs- und Selbstregulierungskräfte in sich trägt. Indem Sie Ihrem Kind vertrauen, geben Sie ihm einen Vorschuss an Glauben an das Gute und Wahre in ihm. Wenn Sie kein schlechtes Gewissen mehr haben, trauen Sie Ihrem Kind Eigenständigkeit zu. Es darf Sachen ausprobieren. Es

wird dabei auch abschreckende Erfahrungen machen und sich in Zukunft davor hüten, diese zu wiederholen. Dennoch: Je mehr Eigenständigkeit Sie Ihrem Kind zutrauen – ohne ständige Maßregelungen –, desto mehr entwickelt es ein System von Gewissenhaftigkeit, Pünktlichkeit und Zuverlässigkeit.

Mutter und Partner

Wenn Sie kein schlechtes Gewissen mehr haben, freuen Sie sich über Komplimente und machen auch selbst welche. Ihr Humor hilft Ihnen jetzt, Frotzeleien in Komplimente umzumünzen. Weil Sie weniger Selbstgespräche führen, sprechen Sie mehr mit Ihrem Partner. Sie treffen Absprachen. Sie bringen Ihre Anliegen ohne Umwege zum Ausdruck. Ihr Verhältnis entspannt sich. Sie regeln, was geregelt werden muss, und verhindern, dass es durch Ihr Schweigen zum Problem wird. Wenn Sie kein schlechtes Gewissen mehr haben, verschwindet der Unterton aus Ihrer Stimme. Sie sind zufrieden mit der Leistung Ihres Partners. Dies beflügelt ihn.

Er kann schneller und effektiver arbeiten. Er bringt sich mehr in die Partnerschaft ein.

Mutter und Familie

Wenn Sie kein schlechtes Gewissen mehr haben, muss nicht mehr alles streng nach Plan verlaufen. Dann funktioniert das Zusammenleben intuitiver. Sie akzeptieren, dass Sie präsent und Mittelpunkt der Familie sind. Sie wissen, dass Sie dafür Sorge tragen, dass jeder selbstständig denkt. Dafür werden Sie geliebt, respektiert und für attraktiv befunden.

Mutter und Erzieher

Wenn Sie kein schlechtes Gewissen mehr haben, haben Sie auch keine Probleme mehr mit der Schule und den Lehrern. Denn eine Bildungseinrichtung ist für Sie der Arbeitsplatz Ihres Kindes. Sie begreifen das Arbeiten Ihres Kindes als etwas Natürliches, als etwas, das im Leben selbstverständlich ist. Sie ziehen mit den Erziehern an einem Strang und bringen ihnen eine aufgeschlossene und verständnisvolle Haltung entgegen. Auch Ihr Kind wird die Erzieher respektieren. Es zeigt, was in ihm steckt.

Mutter und Umfeld

Wenn Sie kein schlechtes Gewissen mehr haben, sind Sie gefragt. Denn andere wollen wissen, was Sie wissen, warum Sie nicht mehr »vor anderer Leute Türen kehren« und warum Sie so energiegeladen und voller Antrieb sind.

Frau T. ist erlöst. Ihr gutes Gewissen hilft ihr sehr. Eine Mitteilung von der Schule z.B. begreift sie nicht mehr als bedrohlichen Angriff, sondern als Impuls für Veränderungen im häuslichen Umfeld. Mit ihrer neuen Fähigkeit, Sachliches von Emotionalem zu trennen, erreichte sie, dass ihr Kind in der Schule einen großen Sprung nach vorne machte. Tief im Inneren spürt sie heute: »Wenn ich zu Hause eindeutige Vorgaben mache, bekommt mein Kind wieder Sicherheit mit sich.«

Diese neue Strukturiertheit wirkte sich unmittelbar auf das Lernverhalten aus. Das Kind ist seither sicherer geworden. Es kann sich auf den Unterricht konzentrieren und erledigt seine Hausaufgaben schneller. Die hilfreiche und liebevolle Unterstützung der Mutter durch die Strukturen zu Hause lässt ihr Kind spüren: Ich bin wichtig für meine Mama. Sogar so wichtig, dass sie mir erklärt und ich verstehe, warum ich welche Regel einhalten soll. Frau T. ihrerseits tut der frische »Wind« auch gut. Mit glänzenden Augen gestand sie mir neulich: »Ich fühle mich nicht mehr nur wie ein Roboter. Ich achte plötzlich mehr auf mich. Am meisten genieße ich allerdings, dass meine Weiblichkeit wieder durchbricht. Ich beginne, mich fallen zu lassen.«

Kurz und bündig

› Wir Mütter schleppen einen Rucksack voller Steine mit uns herum: Altlasten der Vergangenheit, Sedimente schlechten Gewissens. Es ist daher höchste Zeit, dass wir diese Bürde loswerden.

› Wir dürfen aufhören, die Lösungen in der Vergangenheit zu suchen. Was gestern war, ist unwiederbringlich vorbei. Jetzt und heute zählen.

› Lange genug waren wir Meister im Ausredenfinden, Begründen und Jammern. Jetzt ziehen wir endlich einen Schlussstrich.

6

DIE MUTTER-KIND-BINDUNG

Wie erreichen wir eine Mutter-Kind-Bindung, die ein Leben lang hält?

Wann und wie sollten wir dennoch loslassen?

Warum ist die Auseinandersetzung mit unserer eigenen Mutter so wichtig?

Lieben und loslassen

Wenn wir uns vom schlechten Gewissen befreit und den Rucksack mit den Steinen unserer Vergangenheit abgelegt haben, dann befreien wir auch unser Kind vom Gewicht unserer Altlasten. Wir öffnen damit die Türe zu einer einzigartigen Bindung. Wir finden den Schlüssel für das Glück in der Mutter-Kind-Beziehung. Unser Kind kann nun endlich Kind sein.

Frau U. empfindet es anstrengend und schwierig, mit dem Erwachsenwerden ihres Kindes umzugehen. Ganz besonders mühsam erscheint ihr, wenn sie mit ihm um seine nächtliche Freizeitgestaltung ringt. Unter vier Augen schildert sie mir die Situation so: »Das Thema Ausgehen führt zu ständigen Zwistigkeiten in unserer Familie. Um jede Viertelstunde wird gefeilscht. Wenn der Freitagabend naht, bekomme ich schon Bauchschmerzen, denn ich weiß nicht, wie ich mich verhalten soll. Mein Partner tut sich damit offenbar leichter. Er hat einfach einen stabileren Standpunkt. Ich hingegen gebe der Bettelei immer nach und bin furchtbar unsicher, obwohl es für mein Kind bestimmt besser wäre, wenn ich mit meinem Partner an einem Strang ziehen würde. Aber ich habe immer ein schlechtes Gewissen, wenn ich etwas verbiete. Denn stereotyp bekomme ich zu hören, dass andere Eltern nicht so verschroben seien und mehr erlauben würden. Obwohl wir uns – meist nach langem Hin und Her – auf eine Zeit einigen, werde ich dann in letzter Sekunde wieder weich und falle um. Ich denke eben: Ob es jetzt elf oder halb zwölf Uhr ist, ist am Wochenende doch eigentlich nicht so wichtig. Mein Kind ist schließlich 16 Jahre alt. Was mich aber am meisten umtreibt, das ist die Tatsache, dass ich glaube, wenn ich großzügig bin, müsste mein Kind doch glücklich darüber und mir gegenüber freundlich gestimmt sein. Aber weit gefehlt. Mir scheint genau das Gegenteil der Fall zu sein. Kurzum, ich leide schrecklich unter diesen Diskussionen. Nein, ich leide nicht mehr, ich habe mittlerweile Angst davor, und ich glaube sogar, dass mein Kind das spürt. Hinzu kommt, dass mich auch der Austausch mit anderen Eltern über dieses Thema ehrlich gesagt nicht unbedingt weiterbringt.«

Ein Band fürs Leben

Die Mutter-Kind-Bindung ist ein Band, das sich bereits während der Schwangerschaft bildet. Schon in den ersten neun Monaten der Menschwerdung übertragen sich Stimmungen und Gefühle. Dieses Band, gewissermaßen die Nabelschnur, hält Mutter und Kind ein Leben lang zusammen und sorgt dafür, dass beide sich für immer spüren.

Am Anfang ist diese Verbindung noch sehr empfindlich. Das Kind ist untrennbar mit der Mutter vereinigt und wird von ihr mit allem, was es zum Leben braucht, versorgt. Mit jedem Loslassen wird diese Schnur zwar länger, aber sie reißt nie ab. Dennoch ist es ratsam, mit dieser Verbindung achtsam umzugehen. Selbst wenn sie von Natur aus gut abgesichert ist, die Gefahr, dass unser schlechtes Gewissen wie ein böser Geist dazwischenfunkt, ist immer präsent. Das Band bleibt zwar erhalten, aber es kann kräftig durchhängen.

Wir Mütter möchten – wie Frau U. – einfach nur lieb zu unserem Kind sein. Es soll ihm gut gehen. Es soll Spaß haben. Es soll mit seinen Freunden mithalten und sich wohl fühlen. Deshalb gibt Frau U. dem Drängen nach. Gleichzeitig hat sie aber Bedenken. Sie ist unsicher und fühlt sich unwohl dabei. Aber genau das spürt ihr Kind (lesen Sie dazu auch Kapitel 7). Es ist hin und her gerissen zwischen guten und schlechten Gefühlen. Gelegentlich bringen Jugendliche diese Schieflage so zum Ausdruck: »Meine Mama ist total okay, aber wenn sie doch nur bei dem bliebe, was sie sagt. Ich weiß bei ihrem Hin und Her nämlich nie, was eigentlich Sache ist, und habe jedes Mal Bammel vor den Diskussionen.«

Produktiver Umgang mit der eigenen Kindheit

Um das Phänomen der Mutter-Kind-Beziehung besser zu verstehen, ist es gut uns auch mit unserer eigenen Mutter auseinanderzusetzen. Sie ist ein wesentlicher, wenn nicht sogar der wesentlichste Teil unserer Vergangenheitsbewältigung. Denn erst wenn wir von unserer Vergangenheit losgelassen haben, erkennen wir die Absichten hinter den Handlungen unserer eigenen Mutter uns gegenüber. Wir erkennen, dass ihre Absichten nur die besten waren, dass sie durch ihre eigene Vergangenheit jedoch daran gehindert war, uns immer das Beste zukommen zu lassen. Wir erkennen, dass wir, hätte sie ihren Rucksack mit ihrer Vergangenheit abgelegt, unbeschwert hätten Kind sein können. Sie hätte uns loslassen können. Sie hätte sich aus der Symbiose mit uns befreien können. Sie hätte uns mit Leichtigkeit mehr Eindeutigkeit spüren lassen können. Es war also keine böse Absicht, dass unsere Mutter uns an sich gekettet hat.

Wie jede Mutter, so wünscht sich auch Frau U. ein selbstsicheres Kind. Sie ist daher ernsthaft in sich gegangen und hat sich an den Satz erinnert: »Was mich stört, zu mir gehört!« Ja, sie hat sich daran gestört, dass ihr Verhalten hinsichtlich der Erziehung ihres Kindes ambivalent war und dass sie Angst hatte, sich festlegen zu müssen. Indem sie herausgefunden hat, dass ihr Kind die Chance bekommen wollte, sein Bestes zu geben, haben sich für die Erziehung neue Perspektiven ergeben. Das Thema nächtliche Ausgehzeiten klärte sich danach beinahe von selbst (lesen Sie dazu auch Kapitel 9). Später erklärte Frau U.: »Ich spreche mich jetzt mit meinem Kind ab. Wir legen die Zeiten fest und ich bleibe dabei. Ich fühle mich sogar gut, denn ich habe kein schlechtes Gewissen mehr. Ich bin nicht mehr unsicher. Ich kenne meine Linie und kann jetzt meiner Intuition vertrauen und ihr folgen.« Ihr Kind versteht die Signale: »Meine Mama ist sicher. Endlich weiß ich genau, was sie will. Sie sagt, was Sache ist. Und überhaupt geht sie jetzt nicht mehr so übervorsichtig mit mir um. Früher hatte ich nämlich oft das Gefühl, dass sie Angst hat, ich würde mich überanstrengen. Ich fühle mich jetzt nicht mehr so an sie gekettet. Als hätte sie ein bisschen losgelassen.«

> *»Wenn du damit beginnst,*
> *dich denen aufzuopfern, die du liebst,*
> *wirst du damit enden,*
> *die zu hassen, denen du dich aufgeopfert hast.«*
> George Bernhard Shaw

Wollen Sie also Ihr schlechtes Gewissen ablegen? Wollen Sie sich gleichzeitig aus der Symbiose mit Ihrem Kind befreien? Wollen Sie auf Ihre Intuition hören und sicher sein? Wollen Sie sich und Ihrem Kind vertrauen? Dann betrachten Sie das, was Sie für Ihr Kind getan haben, als richtig. Hören Sie auf zu zweifeln.

Die Wucht der mütterlichen Hingabe

Im Babyalter Ihres Kindes denken Sie in fast jeder Minute an das kleine Wesen. Bei jedem Stillen oder Fläschchengeben gelten Ihre Aufmerksamkeit und Ihre liebevollen Blicke dem Kind und bewirken etwas. Ihre Nächte sind von nun an nicht mehr von Schlaf erfüllt, sondern Sie liegen halb wach. Denn Sie sind mit einem Ohr immer bei Ihrem Liebling. Sie hören jeden Mucks, jedes Schnaufen, jedes Glucksen. Und am Morgen wachen Sie auf und freuen sich, dass es gesund ist.

Mindestens alle zwei, drei Tage waschen Sie die Wäsche, hängen sie zum Trocknen auf und bügeln sie. Bei jedem Höschen, das Sie in den Händen halten, denken Sie an Ihr Baby. Und wenn Ihr Kind dann schreit, vielleicht, weil es Hunger oder Durst hat, weil ihm etwas wehtut, vielleicht, weil ihm zu heiß oder zu kalt ist oder weil es sich einfach nur einsam fühlt, dann versuchen Sie jedes Mal aufs Neue, dieses Schreien zu interpretieren oder herauszufinden, was wohl der Grund dafür ist und wie Sie es am besten beruhigen können. Ihr Kind spürt jeden Gedanken, jedes Überlegen und jedes Rätseln. Es spürt, dass da jemand ist, der es liebt und für den diese Fürsorge selbstverständlich ist.

Mehr noch. Sie verfolgen aufgeregt das erste Krabbeln, Sitzen, Stehen und die ersten Schritte Ihres Kindes. Sie loben Ihr Kind dafür und ermuntern es zum Weitermachen. Sie nehmen jeden Fortschritt wahr und unterstützen es darin. Immer wenn Sie mit Ihrem Kind zusammen sind, sprechen Sie zu ihm. Sie fragen es, Sie antworten ihm, Sie erklären ihm etwas, Sie bestärken es, Sie loben es, Sie hören ihm zu, Sie fordern es auf, Sie ermahnen es, Sie erzählen ihm etwas. Dadurch bringen Sie ihm seine Muttersprache bei. Sie erweitern durch unzählige Wiederholungen und

Korrekturen seinen Wortschatz. Und das alles so ganz nebenbei, selbstverständlich und intuitiv.

Und auch im Kindergarten- und Schulalter sind Sie da. Sie denken jederzeit für Ihr Kind mit. Bis zum Alter von sieben Jahren bringen Sie Ihren Knirps ungefähr 2500-mal ins Bett. Zuvor ziehen Sie ihm den Schlafanzug an, dann putzen Sie ihm die Zähne, Sie waschen ihm Gesicht und Hände und lehren ihm so ganz nebenbei, wie man Körperpflege betreibt. Dann begleiten Sie ihn ins Bett. Sie lesen ihm eine Geschichte vor oder Sie singen ihm ein Schlaflied, bevor Sie ihn schließlich liebevoll zudecken. Sie vermitteln Ihrem Kind auf diese Weise, dass es sich sicher und geborgen fühlen kann – Gefühle, die es auf seinem ganzen Lebensweg begleiten werden.

Sie gehen mit ihm auch einkaufen und erklären ihm dabei die Welt. Sie machen auf Gefahren aufmerksam. Sie beschützen es. Sie meistern viele peinliche Situationen. Wenn es etwas zum Anziehen braucht, suchen Sie Kleider, Hosen, Jacken, Pullover, Mäntel, Mützen, Unterwäsche, Schlafanzüge, Socken und Schuhe aus. Sie probieren die Kleidung mit ihm an. Sie kaufen die Ware und tauschen sie wieder um. Sie flicken, reparieren und reinign sie. Intuitiv gleichen Sie dabei die Wünsche Ihres Kindes mit Ihren eigenen Vorstellungen ab. Verhandlungsgeschick und Überredungskunst sind erforderlich. Oft geben Sie nach, manchmal setzen Sie sich durch, hin und wieder gehen Sie Kompromisse ein. Durch all diese Aktivitäten erlebt Ihr Kind Ihre Liebe, spürt Ihre Fürsorge und Ausdauer und nimmt sie in sich auf.

Oder denken Sie an die unzähligen Geschenke für Ihr Kind und für seine Freunde. Sie zerbrechen sich den Kopf, Sie kaufen die Mitbringsel ein, Sie bezahlen und verpacken sie liebevoll. Sie bereiten auch Kinderfeste vor. Sie organisieren Spiele und Beschäftigungsmöglichkeiten. Sie sind während der Party Gastgeberin, Animateurin und Aufpasserin zugleich. Das alles ist für Sie ganz selbstverständlich. Sie richten aber nicht nur Geburtstagspartys aus. Sie feiern auch kirchliche Feste. Sie bereiten Weihnachten und Ostern vor. Sie organisieren Kindergarten-, Schul- und Familienfeten. Sie kaufen ein. Sie schleppen Taschen und Tüten, Tassen und Teller, Kästen und Kannen. In all diese Aktionen beziehen Sie Ihr Kind direkt oder indirekt mit ein. Dabei vermitteln Sie ihm Kultur und bringen ihm Gepflogenheiten und Manieren bei. Sie bewahren Traditionen.

Sie füllen am ersten Schultag eine Tüte und begleiten Ihr Liebstes auf den Weg in diesen neuen Lebensabschnitt. Sie verdrücken dabei selbst ein paar Tränen. Sie wissen, dass nun der Ernst des Lebens beginnt, und vertrauen darauf, dass Sie Ihrem Kind das nötige Rüstzeug geben, um den Anforderungen da draußen gewachsen zu sein.

Bitte haben Sie Geduld, wenn ich hier weitererzähle. Sagen Sie nicht: »Das weiß ich doch alles schon.« Nein, die Wucht des mütterlichen Tuns muss einmal voll ans Tageslicht.

Sie streichen Unmengen von Pausenbroten. Sie besorgen Hefte und Bücher. Sie überwachen die Hausaufgaben und kontrollieren den Schulranzen. Sie sind die Anlaufstelle für Sorgen und Querelen mit Klassenkameraden, Lehrern und Erziehern. Sie trocknen an vielen Tagen Tränen, Sie trösten Ihr Kind, Sie nehmen es in die Arme und muntern es auf. Sie freuen sich mit ihm über gute Noten und Sie bangen und zittern, wenn eine schwere Prüfung ansteht. Sie besuchen Elternabende und Sprechstunden.

Sie vergleichen Schulen und informieren sich über Fremdsprachen. All die großen und kleinen Fragen diskutieren Sie mit Ihrem Partner. Dabei durchstehen Sie viele Konflikte. Manchmal ist es angebracht, dass Sie sich durchsetzen und manchmal geben Sie klein bei. Sie tun alles in Liebe und bester Absicht für Ihr Kind.

Auch kümmern Sie sich um die vielen Freizeitaktivitäten Ihres Kindes: um Fußball-, Schwimm- und Tennistraining, um Tanz-, Musik- und Malstunden. Sie beschaffen die zugehörigen Ausrüstungen. Sie mobilisieren Chauffeurdienste und Fahrgemeinschaften. Sie vereinbaren Termine und halten Ihr Kind an, diese einzuhalten.

Sie gehen bei der Wochenend- und Urlaubsplanung auf die Bedürfnisse und Vorlieben Ihres Kindes ein. Sie laden seine Freunde zum Übernachten ein und organisieren Ausflüge. Sie führen dabei viele Telefonate, gleichen Termine ab und wälzen dicke Kataloge. Sie nehmen unzählige Arztbesuche mit Ihrem Kind vor. Wenn es krank ist, reichen Sie ihm die Medizin, und wenn es verletzt ist, schneiden Sie das Pflaster. Sie sorgen für wichtige Impfungen und gesunde Zähne. Sie sitzen am Bett Ihres Kindes, trösten es, bringen ihm Tee, lesen ihm vor. Sie vertreiben seine Langeweile – das alles ganz selbstverständlich und intuitiv. Bei all diesen Aktivitäten lassen Sie Ihr Kind erfahren, wie sehr Ihnen seine Gesundheit am Herzen liegt und wie wichtig es ist, diese zu erhalten. Sie bemühen sich tagtäglich um abwechslungsreiche Kost. Intuitiv spüren Sie, was Ihr Kind gerne oft auf seinem Teller sehen möchte. Und Sie entwickeln Phantasie darin, wie Sie ihm die weniger beliebten, aber gesünderen Speisen raffiniert unterjubeln können.

Und was tun Sie nicht alles in der Pubertät? Wenn der hochgeschossene Teenager plötzlich verändert erscheint, dann versetzen Sie sich in seine Lage. Sie erforschen, was ihn bedrückt, Sie beobachten, mit wem er Umgang hat und ob sich sein Umfeld verändert, Sie erläutern ihm Ihren Standpunkt und sind ratlos und verunsichert, ob Sie ihm zu viel oder zu wenig vorschreiben. Sie sind über die Reaktionen Ihres Kindes manchmal verletzt und erschüttert. Sie lenken dennoch ein, ohne verbittert zu sein. Sie haben Verständnis für seine Zerstreutheit und sein aufgewühltes Wesen. Sie versuchen, mit seiner Niedergeschlagenheit umzugehen.

Während Sie diese Zeilen gelesen haben, können Sie Mitgefühl für Ihre eigene Mutter entwickeln und verstehen, warum sie es nicht anders konnte oder es nicht anders entschieden hat.

Warum wir unsere eigene Mutter akzeptieren können

Indem wir von der Vergangenheit loslassen, können wir auch die Tätigkeit unserer Mutter achten und richtig einordnen, und wir beginnen, auch unsere eigene mütterliche Tätigkeit richtig einzuschätzen. Wir achten uns. Unsere mütterliche Hingabe wie auch die Vielseitigkeit des Mutterseins bekommen eine neue Bedeutung für uns. Zudem offenbart sich uns, mit welchen Fähigkeiten und Kapazitäten wir Mütter für diese nie endende mütterliche Hingabe ausgestattet sind – ähnlich einem Fluss, der von einer Quelle gespeist wird.

Wenn wir aufhören, das Verhalten unserer Mutter zu bewerten, und sie stattdessen akzeptieren, verändert sich etwas in uns. Sie zu akzeptieren fällt uns leichter, wenn wir ihre beiden Seiten gesehen haben: die negative und die positive.

Aufgabe: Finden Sie 30 positive Eigenschaften Ihrer Mutter

Wenn wir uns das Gute unserer Mutter bewusst gemacht haben, hören wir auf, die eigene Mutter immer ändern zu wollen. Dann nehmen wir sie, wie sie ist. Wir werden glücklich darüber sein, dass sie diese positiven Eigenschaften besitzt. Wir selbst können uns freuen, weil wir ja viele dieser guten Eigenschaften von ihr geerbt haben und diese jetzt nutzen können. Wir können nun dankbar sein und verzeihen. Wir sehen objektiver. Wir können unsere Vergangenheit loslassen. Wie erlösend das ist!

Wir können von nun an handeln, so, wie es unserem Wesen entspricht. Wir treffen bewusst eigene Entscheidungen, ohne den ständigen Druck, es besser machen zu wollen als unsere eigene Mutter. Wir leben unsere eigene Mütterlichkeit. Wir sehen plötzlich, was wir alles geschaffen haben, und wir verspüren Achtung gegenüber dem, was wir aus eigener Kraft errichtet haben. Wir sind erleichtert und können uns selbst lieben, so, wie wir sind, mit all unseren Eigenschaften und Fähigkeiten. Wir handeln so, wie es einer liebenden Mutter gebührt. Dadurch entspannt sich das Verhältnis zu unserem Kind.

Jetzt können wir eine echte Bindung zu unserem Kind aufbauen. Wir haben die Grundlage für eine gesunde Mutter-Kind-Bindung gelegt. Wir werden uns wundern, was mit uns passiert, wenn wir die Vergangenheit losgelassen haben. Wir werden feststellen, wie sich Knoten im Schulter-Nacken-Bereich und Verspannungen an sämtlichen Körperregionen lockern. Wir werden erkennen, wie sich verdrängte Gefühle und Tränen lösen, wie sich der Flüssigkeitshaushalt im Körper neu reguliert und wie die Blockaden, die das Fließen in unserem Körper behindert haben, wegfallen. Wir werden ausgeglichen. Es geht uns besser. Wir fühlen uns leichter.

Wir sehen unsere Mutter nun in einem anderen Licht. Wir sehen ihre wahren, inneren Qualitäten. Manche ihrer vermeintlich negativen Eigenschaften sehen wir jetzt in einem positiven Licht. Wir erkennen auch, dass unsere Mutter alles für uns getan hat, was sie damals nur tun konnte. Und wir erkennen, dass sie nichts aus Böswilligkeit getan hat. Sie konnte einfach nicht anders. Wir empfinden jetzt echtes Mitgefühl für unsere Mutter und wissen, dass es ihr Leben ist und nicht unser Leben. Wir spüren jetzt, dass dieses Band zu unserer Mutter lebenslang ist und dass diese Beziehung auf einer anderen Ebene stattfindet. Wir können nun beschließen, dass wir ab heute immer für uns neu entscheiden und handeln – ohne schlechtes Gewissen.

Nun akzeptieren wir uns. Wir achten uns und sind voller Tatendrang. Wir erkennen unsere Stärken und sind endlich davon befreit, unsere Familie darum befragen zu müssen. Wir haben unseren Stolz und fühlen uns als Mittelpunkt der Familie. Wir befreien unsere Familienmitglieder von der Sorge um ihre Mutter. Wir befreien sie von der Angst, nicht genug für uns zu tun beziehungsweise getan zu haben. Wir dürfen einfach ihre Liebe annehmen. Als Mutter haben wir doch so viele Chancen und Möglichkeiten, uns zu freuen und zu genießen.

Im Garten der Mutter-Kind-Bindung

Unser Kind ist ein Luxus für uns. Genauso wie auch ein Garten ein Luxus für uns ist. Es bedeutet unsere höchste Vervollkommnung, wenn wir unserem Leben ein Kind bescheren, das wir so pflegen dürfen wie einen Garten. Es ist es uns wert, uns Gedanken zu machen, was wir ihm angedeihen lassen können, dass es aufs Beste wächst und gedeiht. Wir überlegen uns, welchen Dünger wir besorgen und wie wir ihn wann einsetzen. Wir nehmen uns auch Zeit, weil wir wissen, dass unser Kind wie auch unsere Pflanzen das spüren, und entsprechend üppig ist die Blüte.

Verschwenden wir also so viel Zeit wie möglich für den größten Luxus in unserem Leben. Behandeln wir unser Kind wie unseren teuersten Schatz. Lassen wir unsere wertvollste Preziose funkeln wie das Edelste aus unserer Schmuckschatulle. Seien wir uns der Einzigartigkeit dieses Unikats bewusst. Es gibt dieses Wesen nur einmal auf der Erde, und wir sind es, die dieses Kronjuwel zum Erstrahlen bringen können.

In unserem Garten haben wir immer viel zu tun. Am Anfang jäten wir das Unkraut selbst. Später düngen und gießen wir unsere Pflanzen so lange, bis sie groß und kräftig genug sind, um das

Unkraut selbst zu verdrängen. Je mehr Leidenschaft und Herzblut wir in unseren Garten stecken, je häufiger wir säen, düngen, umtopfen und Verblühtes abschneiden, desto mehr gedeiht er, desto schöner wird er, desto gesündere und größere Früchte können wir ernten. Alles, was wir in die Bindung zu unserem Kind investieren, bekommen wir also hundertfach zurück.

Wir lassen unserem Garten aber auch Zeit zum Entfalten. Die Pflanzen müssen erst Wurzeln bilden, damit Äste austreiben und sich verzweigen können. Solange die Triebe und Knospen noch klein und unterentwickelt sind, zupfen wir nicht daran. Wir würden sie sonst abreißen und buchstäblich das Leben im Keim ersticken. Auch unserem Kind geben wir genug Zeit und Raum zum Wachsen und Gedeihen.

Selbstverständlich freuen wir uns über Helfer und nehmen gerne deren tatkräftige Unterstützung an. Denn wir wissen, dass wir nicht allwissend sind, und wir brauchen auch bei der Erziehung unseres Kindes so manche Unterstützung. Dies lässt die gute Beziehung zu ihm intakt bleiben.

Manchmal tobt ein kräftiger Sturm in unserem Garten. So ist nun mal die Natur. Da knicken Blumen und Äste ab, Blätter und Zweige fliegen umher. Aber der Wind wird sich legen, der Himmel wird wieder aufklaren, die Natur wird sich erholen. Natürlich machen wir auch mit unserem Kind so manchen Sturm durch. Aber wir werden die Konflikte austragen und die Spannungen lösen. Die Luft wird hinterher wieder rein sein. Bereinigen stärkt die Mutter-Kind-Bindung. So können wir uns freuen, dass unser Garten nach vielen Jahren eine Einheit geworden ist. Alle Pflanzen sind mittlerweile gut zusammengewachsen. Wir sind nicht mehr so intensiv mit der Aufzucht beschäftigt, sondern gießen und schauen hier und da, ob alles in Ordnung ist, sorgen dafür, dass die Büsche und Sträucher den Zaun nicht zu sehr überwuchern. Wir betrachten und bewundern unseren Garten. Und wir staunen, was für eine Persönlichkeit aus unserem Kind geworden ist. Wir stehen ihm mit Rat und Tat zur Seite und helfen gerne da, wo es nötig ist.

Seit Frau U. ihre eigene Linie gefunden hat, fühlt sie sich stark und – wie sie betont – für die Bewältigung jeder Herausforderung gewappnet. »Seit ich meinem inneren Kompass traue, gewissermaßen das Risiko eingehe, mich auf mich zu verlassen, denke ich immer öfter: Eigentlich ist es gar kein Risiko, es ist nur die Gewöhnung an mehr Ruhe und einen Gang zurückschalten. Ich sage mir öfter: ›Halt‹, und reagiere dann erst. Und wenn etwas schiefgeht, habe ich mir angewöhnt, das Ganze erst einmal nüchtern zu analysieren, anstatt immer gleich zu denken, dass es an mir liegt und ich mich eben noch mehr anstrengen könnte. Denn: Irgendetwas übersieht man immer. Wenn ich gelassener und vor allem distanzierter an Dinge herangehe, bin ich erstaunlicherweise weitaus handlungsfreudiger als früher. Ich habe mich davon verabschiedet zu warten, bis mein Mann etwas tut. Seither ist bei uns in der Familie eine Atmosphäre der Freude, Leichtigkeit und des Respekts füreinander eingekehrt. Für mich hat sich dadurch die Lebensqualität merklich erhöht.

Ich hatte z.B. schon lange nicht mehr solchen Spaß, in meinem Garten zu werkeln. Plötzlich schwirren dabei erfreuliche Gedanken in meinem Kopf herum. Früher habe ich entweder an die Vergangenheit gedacht oder ich habe geplant. Aber so richtig Freude an dem, was ich im Moment gemacht habe, konnte kaum aufkommen. Meine größere Beweglichkeit tut wahrscheinlich auch ihr Übriges dazu. Vor allem mein Rücken macht wieder mit. Ohne diesen Rucksack mit meiner Vergangenheit kann ich mich ja leichter bücken.«

Seit Frau U. mehr Vergnügen an ihrem Alltag hat und nicht mehr ständig darüber nachdenkt, was ihr Kind im Augenblick tut oder nicht tut, fällt ihr auf, dass es nun sogar von sich aus Dinge in einer Ausführlichkeit erzählt, von der sie früher nicht einmal zu träumen gewagt hat. »So ein lockeres Verhältnis zu meinem Kind, das so richtig auf Gegenseitigkeit beruht, habe ich mir immer gewünscht.«

Mutters gute Laune

Weil wir den Part in der Mutter-Kind-Bindung haben, von dem die ganze Liebe ausströmt, sind wir vorwiegend auf der Geberseite. Wir sind es, die die Karre ziehen. Wir entscheiden, welchen Gang wir einlegen. Wir sind verantwortlich dafür, ob unser Wagen knarrt, ächzt und rumpelt oder ob er gut geschmiert, rund und geschmeidig läuft.

Wenn wir erst einmal unser schlechtes Gewissen abgelegt haben, wogt eine Flut von Gute-Laune-Hormonen durch uns. Wir spüren: Mit guter Laune lebt es sich viel fröhlicher. Das entspannt und lässt uns jünger aussehen. Gute Laune stärkt die Mutter-Kind-Bindung. Gute Laune verhindert Schimpfen. Gute Laune zerstreut Sorgen. Gute Laune steckt an. Gute Laune zieht an. Gute Laune erfrischt und peppt auf. Wir dürfen mit guter Laune verschwenderisch umgehen. Wir sitzen mit guter Laune immer in der ersten Reihe. Wir holen uns mit guter Laune gut gelaunte Menschen ins Haus. Wir schlafen entspannter, wir übersehen Störendes besser, wir leben leichter.

Das Geheimnis einer guten Mutter-Kind-Bindung

Wenn wir für unsere gute Laune sorgen, läuft die Beziehung zu unserem Kind rund. Wenn wir verstehen, dass wir die gute Laune gegenseitig spiegeln, erkennen wir auch, dass bisher nur unser schlechtes Gewissen mitsamt dem Rucksack unserer buckligen Vergangenheit dieses harmonische Wechselspiel gehemmt hat. Wir sind nun in der Lage, die Störenfriede unserer guten Laune abzufangen und auszuschalten. Wir beziehen die Dinge nicht mehr auf uns. Wir sind realistisch geworden. Wir nehmen unsere Bindung sehr ernst und achten darauf, dass unsere gute Laune im Gleichgewicht bleibt.

Wenn wir für unsere eigene Zufriedenheit sorgen, sorgen wir auch für die Zufriedenheit unseres Kindes. Dann bekommt es das, was es für seine Zufriedenheit braucht. Wir dürfen auf diesem Wissen unsere Beziehung zu unserem Kind ausbauen. Wir sind wachsam und prüfen, was für diese Beziehung gut und hilfreich ist. Vertrauen wir unserem Mutterherz, das erkennt. Dies spürt unser Kind. Es vertraut uns.

Glück

Glück ist gar nicht mal so selten,
Glück ist überall beschert,
vieles kann als Glück uns gelten,
was das Leben uns so lehrt.

Glück ist jeder neue Morgen,
Glück ist bunte Blumenpracht,
Glück sind Tage ohne Sorgen,
Glück ist, wenn man fröhlich lacht.

Glück ist Regen, wenn es heiß ist,
Glück ist Sonne nach dem Guss,

Glück ist, wenn ein Kind ein Eis isst,
Glück ist auch ein lieber Gruß.

Glück ist eine stille Stunde,
Glück ist auch ein gutes Buch,
Glück ist Spaß in froher Runde,
Glück ist freundlicher Besuch.

Glück ist niemals ortsgebunden,
Glück kennt keine Jahreszeit,
Glück hat immer der gefunden,
der sich seines Lebens freut.

Verfasser unbekannt

Mutter-Vater-Kind-Beziehung

Wenn wir gute Laune verbreiten, legen wir unser altes Kostüm ab und schlüpfen in neue Kleider. Wir lachen. Wir fühlen uns sicher. Wir sind attraktiv. Wir können uns endlich fallen lassen. Unser Partner wird glücklich sein, weil er uns auffangen darf und weil nicht ständig ein Rucksack neben ihm ausgepackt wird.

Frau U. hat sich verwandelt. »Ich komme mir vor wie eine Batterie, die sich selbst auflädt, seit ich die Dinge selbst in die Hand nehme und – hochtrabend ausgedrückt – eigenverantwortlich handle«, sagt sie und strahlt. In der Tat. Seit Frau U. nicht mehr im Trüben fischt, sondern klar sieht, wirkt sie auch auf andere eindeutiger. Sie strahlt Klarheit aus, auch über ihre Körpersprache. »Mich wundert mittlerweile gar nichts mehr. Fast glaube ich sogar, dass ich durch die vielen bewundernden Blicke, die ich neuerdings ernte, attraktiver werde. Meinen Partner scheint das Ergebnis dieser Kur auch zu faszinieren. Ab und zu spüre ich nämlich seine verstohlenen Blicke. Dieses Gefühl ist einfach herrlich. Was mich allerdings noch etwas fremd anmutet, das ist, offen gestanden, dass ich seit kurzem ganz locker auf seine Vorschläge eingehe und mit ihm alleine etwas unternehme, ohne Bedenken zu haben und zu fragen, was aus dem Kind wird. Es ist kaum zu fassen, aber früher glaubte ich immer, mich um alles selbst kümmern zu müssen. Ich sah auch immer etwas, um das ich mich sorgen konnte. Irgendwie war meine ganze Wahrnehmung verschoben. Jetzt erst beginne ich, die Welt zurechtzurücken. Mein Partner darf sich auch mitkümmern. Er ist viel flexibler geworden und schaltet nun häufiger seinen inneren Autopiloten ab. Er denkt mit. Das macht ihn ausnehmend attraktiv für mich.« Kein Wunder, er spiegelt Frau U.

»Tja, letztlich kommt alles unserem Kind zugute. Es scheint es zu genießen, dass es uns Eltern gut geht. Wir sorgen wieder für Überraschungen in unserem Alltag, weil wir insgesamt weniger zurückgezogen leben. Wir sind spontaner geworden und ziehen vermehrt solche Menschen an, die selbst auch zufriedener sind, weil sie mit ihrem Leben ähnlich verfahren wie wir. Unser Freundeskreis hat auf diese Weise eine überaus inspirierende Veränderung erhalten. Und fast grenzt es an ein Wunder, aber dadurch, dass wir beide wieder öfter etwas zu zweit unternehmen, haben wir Zeit und sogar Lust, in aller Ruhe und ohne den Druck einer raschen Entscheidung etwas ausführlicher über Werte und Ziele in der Erziehung zu sprechen. Wir sind uns einiger und das erleichtert uns vieles. Wir beide stellen immer wieder fest, dass es jetzt wesentlich einfacher ist, gemeinsame Vereinbarungen zu finden und diese dann auch unserem Kind gegenüber zu vertreten. Wir erklären unserem Kind – das gilt im Übrigen nicht nur für die Ausgehzeiten –, warum wir wann wie handeln.« Als besonderen Erfolg verbucht Frau U. die Tatsache, »dass unser Kind seltener versucht, uns gegeneinander auszuspielen«.

Seit Frau U. klar sieht und sicherer weiß, was sie will, kommt sie auch den Bedürfnissen ihres Kindes entgegen. In der Regel findet sie einen Mittelweg mit ihm. Meist friedlich, denn sie ist interessiert daran, auch eine andere Meinung und vor allem die Sichtweise ihres Kindes zu hören. Sie lässt sich von den Reaktionen ihres Kindes inspirieren. Sie fühlt, dass ihr Kind dies spürt.

Sie weiß, es gibt Situationen, in denen sie großzügiger sein kann, und es gibt Entscheidungen, in denen sie kompromissloser sein muss. Mit ihrem schlechten Gewissen hat Frau U. auch ihre bohrenden Bedenken abgelegt. Und damit das Sorgenvolle, Energie- und Lustlose. Sie setzte ihr regelrecht eingeschlossenes Temperament frei, das sie mit ihrem Kind auch richtig übermütig sein und unbeschwerte Zeit genießen lässt. Dabei ist ihr eine beruhigende Erkenntnis gekommen: Die Liebe, die sie für ihr Kind hegt, diesem jedoch bisher nicht genug gezeigt hat, kann sie immer wieder neu entfachen. Ihre Liebesreserven reichen für ein ganzes Leben.

Kurz und bündig

› Wenn wir Mütter aufhören, das Verhalten unserer eigenen Mutter zu bewerten, dann können wir endlich die Vergangenheit loslassen.

› Wenn wir das Gute unserer Mutter erkennen, dann nehmen wir sie, wie sie ist, und schätzen uns glücklich, dass sie diese positiven Eigenschaften besitzt und an uns weitergegeben hat.

› Das Reservoir an Liebe und guter Laune ist unerschöpflich. Wir können jederzeit daraus schöpfen.

7

DENKEN VERSTEHEN, UMDENKEN LERNEN

Wie funktioniert die magnetische Anziehung?

Wie ist magnetische Anziehung bewusst steuerbar?

Wie setzen Sie magnetische Anziehung zum Wohle des Kindes ein?

Die Magie der Anziehung zwischen Mutter und Kind

»Gleiches zieht Gleiches an« – dieser Vorgang erscheint uns beinahe magisch. Die Mutter, die sich selbst achtet, zieht die Achtung ihres Kindes wie ein Magnet an. Wie funktioniert dieses harmonische Geben und Nehmen? Wie entsteht gegenseitiges Verständnis? Wer entschlüsselt das Geheimnis der Sympathie? Und: Kann man das erlernen? Die wichtigste Antwort gleich vorweg: Ja, man kann die magnetische Anziehung erklären und auch erlernen. Wir Mütter sollten dazu allerdings unser Denken ändern und unser Dasein als Mutter, Berufstätige und Ehefrau neu einrichten.

Nehmen wir den Fall von Frau G. Sie möchte – wie jede Mutter – ihr Kind zu einem liebenswerten, eigenständigen Menschen erziehen. Doch sie hadert mit sich und ihrer Rolle. Frau G. erzählt: »Ich mache und tue hier und da, bin mir aber oft unsicher. Zum einen, weil ich glaube, dass die Zuwendung, die ich meinem Kind gebe, unzureichend ist. Zum anderen, weil ich mich des Gefühls nicht erwehren kann, nicht genug Wissen zu haben, um für mein Kind die notwendigen Voraussetzungen zu schaffen, damit es in unserer heutigen Welt bestehen kann. Ganz besonders rabenmütterlich empfinde ich mich allerdings, wenn ich mich dabei ertappe, dass ich, während ich mit meinem Kind etwas gemeinsam tue, in Gedanken abwesend bin, weil ich z.B. wieder einmal Schwierigkeiten mit meiner Chefin hatte. Ich fürchte, mein Kind spürt dies.«

Den meisten Müttern, die bei mir Hilfe suchen, geht es wie Frau G. Sie rackern sich für ihre Familie und für ihren Job ab. Dabei fühlen sie sich unzulänglich und unzufrieden. Dieses Gefühl spüren die anderen, ob wir das wollen oder nicht. Denn wir reagieren durch unsere so genannten Spiegelnervenzellen oder Spiegelneurone. Spiegelnervenzellen lassen unser Gegenüber fühlen, was wir fühlen, und umgekehrt.

Die Spiegelneurone: Das Geheimnis der Anziehung

Rein wissenschaftlich betrachtet sind Spiegelneurone bestimmte Nervenzellen in unserem Gehirn. Sie ermöglichen »emotionale Resonanz« mit anderen Menschen (»emovere« und »resonare« kommen aus dem Lateinischen und bedeuten »aufwühlen« beziehungsweise »zurücktönen«, »widerhallen«). Professor Joachim Bauer von der Universität Freiburg schreibt dazu in seinem empfehlenswerten Buch *Warum ich fühle, was du fühlst*: »Resonanz bedeutet, etwas wird zum Schwingen oder Erklingen gebracht. Die Fähigkeit des Menschen zu emotionalem Verständnis und Empathie (die Fähigkeit, sich in andere hineinzuversetzen) beruht darauf, dass sozial verbindende Vorstellungen nicht nur untereinander ausgetauscht, sondern im Gehirn des jeweiligen Empfängers auch aktiviert und spürbar werden können.«

Spiegelnervenzellen versorgen uns also mit »gefühltem Wissen« über Personen in unserer Nähe, über deren Absichten ebenso wie über deren Freude oder Schmerz. In einem äußerst komplexen Wechselspiel mit verschiedenen Gehirnarealen bewirken Spiegelneurone ganz erstaunliche Dinge, z.B. dass jemand beim Beobachten einer anderen Person gedanklich dieselbe Handlung, die diese Person ausführt, nachvollzieht und nachempfindet – und dies unbewusst, unwillentlich und mit einer unglaublichen Geschwindigkeit. Wir erwidern also ein Lächeln, ehe wir überhaupt darüber nachdenken, oder wir werden als unsicher wahrgenommen, wenn wir uns so empfinden.

Dieser Vorgang läuft in jedem Menschen unzählige Male pro Tag ab. Es ist ein Automatismus, der uns steuert und uns durch Tag und Nacht lenkt, ohne dass er uns bewusst wird. Es ist ein Wunder, mit dem die Natur uns ausgestattet hat, damit wir uns mühelos den Weg zu den Menschen bahnen, die mit uns einvernehmlich sind.

Das System der Spiegelneurone hat eine ungeahnte Bedeutung für unsere Beziehungen und unser soziales Umfeld. Denn dieser einmalige biologische Mechanismus, der so geräuschlos und präzise wie ein Schweizer Uhrwerk abläuft, kennt sich mit uns aus und führt uns in der Regel zu den Personen, mit denen wir in Resonanz sind. Wenn wir uns auf diese Steuerung verlassen, dann schalten wir unser Denken und unsere Vernunft für einen Moment ab und überlassen uns unserem Gefühl. Dann bekommen wir mehr Sicherheit im Umgang mit Sympathien und Antipathien. Denn der stille Navigator weiß bestens über uns Bescheid.

Wichtig zu wissen ist daher: Die neurobiologischen Erkenntnisse über das System der Spiegelnervenzellen zeigen, dass in der Regel unser Kind fühlt, was wir als Mutter fühlen, und umgekehrt. Unsere Spiegelnervenzellen speichern dabei vom ersten Lebensmoment an die Mimiken unserer Bezugspersonen, also z.B. die Aktivität der Gesichtsmuskeln bei Freundlichkeit, bei Sorgen, bei Ärger, bei Freude. Aufgrund dieses Wissens, das wir in unserem Gehirn deponiert haben, können wir im besten Fall die Gefühle unseres Gegenübers intuitiv und sehr genau interpretieren. Diese Spiegelneurone werden bei jeder Handlung in Bruchteilen von Sekunden aktiviert. Sie rufen dann sofort unser gespeichertes Handlungsprogramm auf.

Frau G. vollzieht in Gedanken die Unterredung mit ihrer Chefin nach. Sie fühlt sich dabei nicht gerade in Hochstimmung. Ihr Kind spürt: Mit der Mama stimmt etwas nicht. Es weiß aber nicht, warum. Es fühlt sich unbehaglich. Fühlt es doch mit der Mutter. Es könnte das Gefühl haben: Bin ich vielleicht Mitverursacher ihrer gedrückten Stimmung? Sollte ich mich anders verhalten? Es kommt zu keinem Schluss. Möglicherweise verhält es sich wie seine Mutter: stillschweigend brütend.

Das System der Spiegelnervenzellen arbeitet spontan und vor allem unabhängig davon, ob wir unseren analytischen Verstand einsetzen oder nicht. Deshalb kann Frau G. ihre Laune nicht »geheim« halten. Sie sollte das auch nicht. Sie sollte stattdessen ihren Schalter umlegen und umdenken: »Ich bin ein Mensch wie jeder andere. Ich habe viel zu bedenken. Das gehört zu meinem Job als Mutter, Berufstätige und Ehefrau. Meinem Kind geht es sehr gut. Es bekommt, was es braucht, um ein liebenswerter, eigenständiger Mensch zu sein.« Wenn Frau G. so denkt, dann ist sie auch in der Lage, ihrem Kind Folgendes zu erklären: »Du, ich hatte Zoff mit meiner Chefin. Nimm es mir nicht übel, wenn ich gerade noch darüber nachdenke.« Im Handumdrehen ist für ihr Kind die Lage nicht mehr so unangenehm, weil die Mutter ihrem Kind eine Erklärung dafür gibt, was sie per Spiegelneurone aussendet. Es versteht nun seine Mutter, ist erleichtert und auch zufrieden darüber, dass sie die Situation ernst nimmt.

Was lernen wir daraus? Wir sollten mit unseren Gefühlen offen umgehen. Mütter haben zwar außergewöhnliche Kapazitäten, aber sie sind dennoch keine Übermenschen. Diese Einsicht gilt es zu verinnerlichen. Es ist also wichtig, dass sich eine Mutter als Mensch wie jeder andere begreift. Nur wenn sie das tut, wird sie es schaffen, ihre Lage zu ändern und ihre Kapazitäten guten Gewissens so einzusetzen, dass sie dem Leben Neues abgewinnen kann. Sie ist dann auch fähig, ihre Familie mit ihren Aufgaben zu betrauen. Dadurch verschafft sie sich Freiräume, z.B. für ihre Berufstätigkeit.

Umdenken ist der erste Schritt

Kernfrage: Was geschieht, wenn ich aufhöre, meinen Zustand als Mutter, Berufstätige und Ehefrau als anstrengend zu empfinden, und aufhöre zu denken: »Alles bleibt an mir hängen«?

Dieses neue, bisher ungewohnte Denken im Sinne des Achtung-Anziehung-Prinzips können Sie sich mit Hilfe der nachfolgenden Provokationsbögen aneignen. Sie werden dabei erkennen, wozu Sie sich berufen fühlen und welchen Weg Sie für sich einschlagen möchten. Sobald Sie diesen Prozess eingeleitet haben, werden Sie sehen, wie unbeschwert Sie umsetzen, was Sie wollen. Und dabei werden Sie kein schlechtes Gewissen mehr haben. Sie dulden keinen Aufschub mehr. Sie befreien Ihr Gehirn vom Hin-und-her-Drehen des Problems. Sie wollen Altes abschließen – auch unter dem Aspekt, Ihr Kind nicht unter Dingen leiden zu lassen, die es nicht zu verantworten hat.

Als Frau G. ihren Schalter umgelegt hatte, konnte sie mit ihrem Kind viel selbstverständlicher sprechen. Ihr Problem, nicht genug Wissen zu haben, um ihrem Kind die Bildung zukommen zu lassen, die es braucht, löste Frau G. folgendermaßen: Sie listete ihre Fähigkeiten und Kenntnisse auf. Dabei erkannte sie selbstkritisch: Ich habe eine Menge Wissen, aber es gibt auch viele Dinge, die nicht in meinem Kompetenzbereich liegen. Und das ist auch in Ordnung so. Schon beim Auflisten meiner positiven Fähigkeiten und Eigenschaften hat sich mein Selbstwertgefühl wieder stabilisiert. Mir ist bewusst: Eine Mutter kann nicht alles können und wissen. Frau G. hat aufgehört, sich unnötig den Kopf zu zerbrechen.

Gedankenreinigung
Wer heute einen Gedanken sät,
erntet morgen die Tat,
übermorgen die Gewohnheit,
dadurch den Charakter und
schließlich sein Schicksal.
Gottfried Keller

Wenn auch Sie denken »Welche positiven Auswirkungen hat es, wenn ich aufhöre, mein Problem zu wälzen?«,

- dann verweilen Sie nicht mehr im Nachsinnen,
- dann gehen Sie Ihr Problem gezielt an und verzetteln sich nicht,
- dann nutzen Sie die Zeit zur Lösung, weil Sie sich sofort im Lösungsansatz befinden,
- dann sparen Sie Zeit,
- dann kappen Sie das Problem ohne großen Aufwand,
- dann zweifeln Sie diese Lösung nicht an, weil sie eine eindeutige Aussicht auf Änderung bedeutet,
- dann geben Sie das Tempo vor.

Das Grundproblem, ihrem Kind nicht genug Zuwendung zu geben, löste sich bereits, während Frau G. notierte, was sie alles für ihr Kind tut. »Nachdem ich erst einmal angefangen hatte, mir darüber Gedanken zu machen, was ich alles für mein Kind tue, und gleichzeitig aufhörte, darüber nachzudenken, was ich nicht tue oder was andere Mütter für ihr Kind tun, entdeckte ich immer

mehr, was ich wirklich für mein Kind tue. Ab diesem Zeitpunkt habe ich mich bewusst beobachtet und dabei Handreichungen, Umarmungen, aber auch Ermahnungen als Zuwendung für mein Kind erkannt.« Selbstverständlich deutete Frau G. von nun an das Lächeln ihres Kindes als Ausdruck ihrer Zuwendung. Sie wurde souveräner, denn sie war sich sicher, dass ihre Liebe zu ihrem Kind in jeder ihrer Handlungen mit ihrem Kind und für ihr Kind zum Ausdruck kommt und dass das Kind diese Liebe spürt.

Umsetzung ist der zweite Schritt

Grundsätzlich gilt: Wenn Sie ein Problem lösen wollen, dann ist dieses reif, gelöst zu werden. Ihre Wahrnehmung ist freudigerwartungsvoll. Allein diese Haltung genügt, um die Wende einzuleiten. Sie helfen sich selbst beim Umdenken. Was können Sie tun, um diesen Zustand lebendig zu halten?

- Sie konkretisieren zukünftig Ihre eigenen Vorstellungen und Ziele.
- Sie halten sich künftig an die Vereinbarungen mit Ihrem Kind.
- Sie denken eigenständig und verlassen sich nicht mehr auf die Aussagen und Anweisungen Ihres Partners.
- Sie übernehmen Verantwortung.
- Sie äußern Ihre Meinung und trauen sich, Ihr Inneres kundzutun.

- Sie erkennen, ob und wann Sie in Ihrer Meinung manipuliert werden.
- Sie entscheiden weder nach Verstand noch Herz allein; Sie verschmelzen beide Faktoren zu einer Einheit.
- Sie meistern den Spagat zwischen einem liebevollen Verhalten und einem konsequenten Auftreten.
- Sie räumen der Menschlichkeit die höchste Priorität in der Familie ein.
- Sie sind sicher im Umgang mit Ihrem Kind.

Fragen regen Ihr Gehirn an. Ihr Gehirn arbeitet dabei zügig. Es zieht Sie förmlich zu einer Problemlösung und zur darauf folgenden Umsetzung. Es hat gar keine andere Wahl. Es ist sein Auftrag, Impulse umzusetzen und in bestimmte Regionen Ihres Körpers weiterzuleiten.

Am Anfang werden Ihnen die Anforderungen ungewohnt und hoch erscheinen. Weil Sie Ihrer Seele aber freien Lauf lassen können, sind Sie interessiert, Antworten zu finden. Sie müssen nur Ihr bisheriges Denken überdenken. Je öfter Sie diese »überdachten«, also die neuen Gedanken denken, desto kräftiger und stabiler werden diese neuen Denkmuster. Und Sie werden ab sofort im Alltag das sehen und erleben, was zu diesen Denkmustern passt. Wenn Sie erst einmal Fahrt aufgenommen haben, dann finden Sie zunehmend Gefallen am Problemlösen. Sie finden nun Spaß daran, Ihren Geist in bislang ungewohnter Weise zu beschäftigen. Dieses Stadium ist der Wendepunkt in Ihrem Denken.

Eines Tages kam Frau E. in meine Praxis und erzählte, sie verspüre nach jahrelanger Kindererziehung das dringende Verlangen, sich außer Haus zu betätigen, und seien es nur ein paar Stunden pro Woche. »Ich finde keine Tätigkeit. Ich suche schon ewig. Außerdem macht meine Familie keine Anstalten, mich in dieser Richtung zu unterstützen. Es ist aussichtslos. Ich müsste einen Salto mortale machen, damit sich an meiner Unzufriedenheit etwas ändert«, klagte sie. »Das kann auch nicht funktionieren«, entgegnete ich. »Einerseits wollen Sie außer Haus arbeiten, andererseits halten Sie dies für unmöglich. Sie transportieren mit dem System Ihrer Spiegelneurone diese Haltung in Ihre Umwelt.« Ich stellte Frau E. zwei Fragen: »Was geschieht, wenn Sie aufhören zu denken: Ich finde keine Tätigkeit?« und »Welche positiven Auswirkungen hat es, wenn Sie aufhören zu denken: Meine Familie unterstützt mich nicht?«

Ich legte Frau E. nahe, zu beiden Fragen jeweils 30 Punkte zu finden. »Oje, was Sie von mir verlangen!«, war ihre spontane Reaktion. Aber sie spürte, dass sich die Mühe lohnen wird, und sie ließ sich darauf ein.

Augenblicklich wurde ihr bewusst, wie sehr sie mit ihrem bisherigen Denken ihren Erfolg blockiert hatte. Denn wie um alles in der Welt soll ihre Familie sie unterstützen, wenn sogar sie selbst nicht daran glaubt (»Keiner unterstützt mich«, »Ich finde keine Tätigkeit«)! Ihre Spiegelnervenzellen konnten demnach nur ein einschränkendes Denken an ihre Umgebung weiterleiten. Schier unmöglich, dass sich damit etwas in die von ihr ersehnte Richtung bewegen würde.

Anstatt sich weiter mit ihrem Überdruss zu beschäftigen, lenkte Frau E. von diesem Moment an ihr Denken in Richtung Aktivität und Flexibilität. Ja, sie fand richtig Spaß daran zu beobachten, wie sich ihre alten Denkstrukturen verflüchtigten. Sie wunderte sich selbst, welche Vorstellungen und Möglichkeiten sich daraus für die Erfüllung ihres Wunsches ergaben. Wie von selbst. Unmerklich.

Das bedeutet für Sie: Ich werde handlungsfähig, wenn ich aufhöre, mich gedanklich im Problem aufzuhalten. Mein positiver Ansatz impliziert demnach gleich für mich eine Lösungsmöglichkeit.

»Welche positiven Auswirkungen hat es, wenn ich aufhöre zu denken, ...?«

Wenn Sie diesen Denkansatz erst einmal verinnerlicht haben, dann werden Sie ihn auf jedes Problem im Alltag übertragen. Wie Frau E. werden auch Sie Folgendes entdecken:
- dass Sie Ihr Ziel unbedingt erreichen möchten,
- dass das Problem bislang an Ihnen lag, Sie aber nichts dafür konnten, weil Ihnen keine andere Möglichkeit zur Verfügung stand,

- dass Sie zu einem gesunden Egoismus gefunden haben und künftig mehr darüber nachdenken, was Ihnen gut tut und was nicht,
- dass Sie es wert sind, geschätzt zu werden,
- dass sich plötzlich alle in der Familie gleichberechtigt fühlen,
- dass Sie Ja zu sich sagen, anstatt sich durch ein Nein von anderen abzugrenzen,
- dass Sie früher Stopp sagen, anstatt Angst zu haben, ausgenutzt zu werden,
- dass eine Anweisung von Ihnen kommen sollte, damit sie ausgeführt wird,
- dass Sie sich auch ohne Brüllen Gehör verschaffen,
- dass Sie darauf vertrauen, dass das, was Sie tun und sagen, gut für Ihr Kind ist,
- dass Ihr Kind Sie ernst nimmt und Ihren Auftrag ausführt,
- dass Sie unnötig gefrotzelt haben und dass plötzlich Frieden mit Ihrem Kind herrscht,
- dass Ihr Kind damit zurechtkommt, wenn Sie weniger nachgiebig sind,
- dass Ihr Kind es Ihnen nicht mehr verübelt, wenn Sie auf etwas bestehen, das zu tun ist,
- dass Sie konsequent sind, wenn eine Handlung sich zwingend aus einer anderen ergibt,
- dass Sie Ihr Kind nicht mehr hetzen brauchen,
- dass Sie geduldig sind, wenn Ihr Kind Zeit braucht,
- dass Sie trennen können zwischen dem, was Ihre großen Kinder brauchen, und dem, was Ihre kleinen Kinder brauchen,
- dass Sie ohne Ärger mehr Kraft haben und sich besser fühlen,
- dass es Ihnen jetzt ein Bedürfnis ist, sich gut zu fühlen und von Ihrem Kind und Partner entsprechend behandelt zu werden,
- dass Ihr Partner freundlicher zu Ihnen ist,
- dass Sie wieder Lust haben, mit ihm zusammen etwas zu unternehmen,
- dass Sie viel sicherer sprechen, das heißt, dass Ihre Formulierungen konkreter werden und dass der Befehlston verschwindet,
- dass Sie auch bei anderen Gesprächen nicht mehr so lange brauchen, bis Sie einen Sachverhalt geschildert haben.

Positive Auswirkungen

Wir Mütter müssen verstehen und einsehen, dass wir uns sofort besser fühlen, wenn wir unser Denken in eine positive Richtung lenken und dadurch den Prozess des Handelns und Aktivwerdens nicht länger hinauszögern. Wir hören auf, unnötig Zeit zu verschenken.

Frau E. zieht jedenfalls eine erfolgreiche Bilanz: »Das Umdenken hat bei mir bewirkt, dass ich mich nicht mehr von meinen Sachen ablenken lasse. Das spürt meine Familie, und erstaunlicherweise sind alle auch mehr bei ihrer Sache. Und weil dieses Umdenken so nachhaltig wirkt, ist das, was ich zu meistern habe, kein Salto mortale mehr. Im Kern meiner Erkenntnis steht nämlich: Wir Mütter sind wirklich Organisationsgenies, hoch flexibel und belastbar. Aber man darf uns nicht alleine lassen. Klar, dass der Alltag mit Kindern und Job heftig sein kann, aber das Glück mit Kindern ist auch nicht zu überbieten. Mein Umdenken hat mir insgesamt zu einem anderen Verhältnis zu mir selbst verholfen. Ich will ja beides: Kinder und Beruf. Dann nämlich fühle ich mich einfach so richtig in meinem Element. Feste verlässliche Zeiten im Familienalltag sind zu den Eckpfeilern geworden, mit denen ich Kinder und Job vereinbaren kann. Es sind nicht mal so sehr die Kinder, die das brauchen, sondern ich auch. Und durch mein Umdenken ist überdies etwas ganz Wesentliches in Gang gekommen: Mein Partner hat sich als erstklassiger Vater entpuppt und aufgehört, sich als zweitklassige Mutter zu fühlen. Mittlerweile bin ich überzeugt, dass das Ansehen von Kindererziehung insgesamt steigen wird, wenn auch Väter sich stärker um die Kinder kümmern.«

Suchen wir also nach unseren Qualitäten und Stärken. Fördern wir deshalb die Aspekte zutage, die unserem Handeln Auftrieb geben. Denn nur wer lernt, das Positive, die Freude und das Glück wahrzunehmen, der ist auch in der Lage, noch mehr Freude und Glück zu »produzieren« und die Ausbreitung negativer Gefühle zu verhindern. Unsere Blockaden lösen sich. Wir treten nicht mehr auf der Stelle. Wir kommen vorwärts.

Die Spiegelneurone helfen uns dabei, die Verbindung nach außen herzustellen. Sie sind in unser Gehirn integriert und helfen uns bei der Orientierung im sozialen Umfeld. Fragt z.B. ein Kind am Abend vor einer Prüfung seine Mama: »Glaubst du, dass ich morgen eine gute Note schreibe?«, und die Mutter hegt insgeheim Zweifel, dann spürt ihr Kind diese Besorgnis. Die Skepsis der Mutter überträgt sich per Spiegelneurone. Denn nur zu genau kann das Kind die Mimik seiner Mutter, die Zweifel ausdrückt, von der Mimik, die Zuversicht ausstrahlt, unterscheiden. Die Mutter kann sich noch so anstrengen, egal, was sie sagen möchte, ihr Mienenspiel ist schneller und verrät, schon bevor sie die Worte über die Lippen gebracht hat, was sie wirklich fühlt. Das Kind liest die Beklemmung der Mutter in deren Gesicht ab, und zwar unwillkürlich. Diese Besorgnis verunsichert und schwächt es.

Die Mutter ihrerseits nimmt aufgrund ihrer Spiegelneurone wahr, dass ihr Kind ebenfalls Zweifel hat und unsicher ist. Sie weiß aber nicht, warum es unsicher ist. Sie weiß z.B. nicht, dass es im Unterricht nicht aufgepasst hat und dass es die Hausaufgaben nur sporadisch gemacht und wenig geübt hat. Das Kind hat daher ein mulmiges Gefühl und ist auch wenig motiviert, sein »Können« zu zeigen. Denn Schulaufgaben sind ihm »zu schwer« und »viel zu lang«. Es entschuldigt sich mit Ausflüchten wie: »Ich kapier Mathe nicht. Ich hasse Mathe.« Das Kind ist nervös und stolpert nicht selten von einer Aufgabe zur nächsten. Leicht vorstellbar, dass es vor lauter Aufregung und Unsicherheit Aufgaben auslässt, sich nicht richtig konzentriert und Fehler macht. Manchmal beherrscht es in diesem Zustand sogar einfachste Grundrechenarten nicht, die es eigentlich kann.

Die dauerhafte Befreiung von diesen beiderseitigen Unsicherheiten gelingt, wenn die Mutter durch ihr Umdenken den Teufelskreis durchbricht. Ihre Spiegelnervenzellen transportieren dann eine andere Botschaft. Etwa so: »Mein Kind ist für seine schulischen Leistungen selbst verantwortlich. Es ist in der Lage, gute Ergebnisse zu erzielen. Es passt im Unterricht auf, damit es den Stoff versteht und seine Hausaufgaben selbstständig erledigen kann. Als Mutter ist es meine Aufgabe, im häuslichen Bereich die nötigen Voraussetzungen zu schaffen, damit mein Kind Strukturen lernt, die ihm helfen, Ordnung in seinem Gehirn zu haben.

Dies wiederum hilft ihm im Unterricht beim Aufpassen, Aufnehmen und Verarbeiten des Lernstoffs.«

In dieser Überzeugtheit festigt sich der Glaube der Mutter an ihr Kind. Das Kind spürt die Sicherheit, die die Mutter ausstrahlt. Wenn ein Kind dies fühlt, wird es seine Arbeit machen. Es wird aufpassen. Es wird selbstständig arbeiten. Es fühlt, dass es in seiner Verantwortung liegt, den Lernstoff zu verstehen und sich auf eine Probe gut vorzubereiten. In der Schulaufgabe ist es motiviert, sein Wissen zu Papier zu bringen. Es denkt dann: »Ich schaffe das. Ich bin dazu in der Lage. Ich versuche es. Was soll mir schon passieren?« Es wird selbst bewusst. Sicher.

Das Umdenken hilft der Mutter, der Herausforderung Kind gewachsen zu sein. Es schärft ihr Bewusstsein, aktiviert ihre Flexibilität und hilft ihr, komplexe Sachverhalte in der Mutter-Kind-Beziehung besser zu verstehen. Das Umdenken ist auch die Basis für Zuversicht und ein stabiles Fundament für das, was noch kommen wird. Energiegeladen und selbstbewusst blickt die Mutter nun in die Zukunft und strahlt Vertrauen in sich selbst aus.

Kurz und bündig

› Mit Hilfe der neuen Denkweise setzen Sie die magnetische Anziehung erfolgreich um und finden ureigenste Problemlösungen selbst.

› Während Sie die Antworten finden, befinden Sie sich bereits in der Lösung.

› Es gibt nur positive Lösungen.

› Die neue Denkweise zur Umsetzung der magnetischen Anziehung ist in allen Problemlagen und Beziehungen anwendbar.

› Zweifel der Mutter übertragen sich per Spiegelneurone auf das Kind. Deshalb darf die Mutter ihr schlechtes Gewissen ablegen.

INTUITION UND AUSSTRAHLUNG

Wie funktioniert Intuition?

Was passiert, wenn Sie auf Ihre Intuition hören?

Was bewirkt Ausstrahlung?

Wie funktioniert Intuition?

Das Wort Intuition stammt vom lateinischen »intueri« und steht für »betrachten«, und zwar in Form des unmittelbaren, spontanen und nicht systematisch reflektierenden Erfassens einer plötzlichen Erkenntnis oder Eingebung, meist auf Erfahrung und Vorwissen beruhend. Intuition ist also, um es simpel auszudrücken, unser Bauchgefühl.

Was verändert sich zum Positiven, wenn Sie sich auf Ihre Intuition verlassen?

- Sie sparen zwei Drittel der Mühen Ihres Alltags.
- Sie werden souverän im Umgang mit Menschen.
- Sie nehmen auf, was in anderen vor sich geht.
- Sie überblicken Zusammenhänge.
- Sie orientieren sich mühelos in Ihrem beruflichen Umfeld.
- Sie werden nur selten aus Ihrer Ruhe gebracht, weil Sie schon im Voraus wissen, was passieren wird.

Menschen, die sich auf ihre Intuition verlassen, erleben kaum noch böse Überraschungen, denn sie erkennen die geheimnisvolle Dimension in ihrem Dasein. Die Sorge um ihre Sicherheit, die sie in einer Spirale der Angst leben lässt, wird weniger. Ihr Vertrauen in die Gegenwart wird gestärkt, was Humor und heitere Gelassenheit bewirkt. Sie erkennen, was sie wirklich brauchen: das richtige Maß zu finden – ohne Angst. Diese Menschen bereiten sich optimal auf eine Situation vor, die dann auch mit großer Wahrscheinlichkeit so eintritt. Die Belohnung ist die Selbstverständlichkeit und Leichtigkeit, mit der sie diese Situation meistern, für die sonst viel Mühe erforderlich wäre.

Frau A. beklagt sich, dass sie auf die Frage »Wie war's heute in der Schule?« immer ein stereotypes »Gut« bekommt. Gelegentlich bezieht sie die Launen ihres Kindes auf sich und nimmt dessen Einsilbigkeit sehr persönlich. Ihr ist aber nicht bewusst, dass sie ebenfalls stereotyp fragt und damit intuitiv die stereotype Antwort »Gut« provoziert.

Frau A. sollte für sich Klarheit entwickeln: »Worum geht es mir? Was ist mein Anliegen? Was wünsche ich mir in der Begegnung mit meinem Kind?« Etwa so: »Ich möchte, dass mir mein

Kind von der Schule erzählt. Ich möchte auf dem Laufenden sein. Zudem möchte ich Kommunikation mit meinem Kind und ihm falls nötig mit meinem Rat zur Seite stehen. Mein Kind soll spüren, dass da jemand ist, der ein offenes Ohr für seine Themen hat.« Alles Weitere ergibt sich dann von selbst. Die Intuition kommt, wenn Frau A. Klarheit hat. Hat sie diese Klarheit, lernt sie auf ihre Intuition zu vertrauen, ohne dass sie jedes Mal darüber nachzudenken braucht.

Aus meiner Arbeit weiß ich, dass Kinder es mögen, wenn sich ihre Mutter nach ihrem Befinden und ihren Belangen erkundigt. Ihre Mama soll sie also fragen. Aber sie wollen nicht bedrängt oder bereits »ausgequetscht« werden, noch ehe sie ihre Jacke und Schuhe ausgezogen haben. Begrüßen Sie also Ihr Kind erst einmal, ohne Fragen zu stellen. Dies verlangt zugegebenermaßen etwas Zurückhaltung. Aber die Anstrengung lohnt sich.

Räumen Sie deshalb Ihrem Kind Zeit ein, zu Hause anzukommen. Gestatten Sie ihm, sich auf die Umgebung einzustellen und zur Ruhe zu kommen. Ihr Kind war den ganzen Schultag mit anderen Kindern zusammen. Es möchte erst einmal nur Ruhe. Weiter nichts. Es wird sich darüber freuen, dass Sie sein Bedürfnis erahnt haben, und dankbar sein. Stellen Sie Ihre Fragen später, wenn es etwas gegessen hat und entspannt ist. Und sorgen Sie für Abwechslung in der Fragestellung. Ihr Kind wird Ihr verändertes Verhalten erleichtert registrieren. Es wird sich respektiert fühlen und Ihnen als Dank dafür später erstaunlich viel erzählen – weil es freiwillig erzählt.

Wie viel einfacher verläuft der Alltag einer Mutter, wenn sie ihr Verhalten durchleuchtet und geändert hat. Die Erleichterung spiegelt sich sogar in ihren Gesichtszügen wider. Auch in den Worten schwingt ein Aufatmen mit: »Meine Laune geht jetzt nicht mehr in den Keller, wenn ich an die Miene denke, mit der mein Kind womöglich nach Hause kommt. Ich bin wesentlich entspannter als früher und empfange es total locker.« Wiederholung und Übung sorgen dafür, dass die neue Verhaltensweise in Fleisch und Blut übergeht. Die Mutter muss in Zukunft nicht mehr überlegen, sondern sie agiert intuitiv-klug. Mit Lockerheit.

Ein ähnlich wichtiges Thema wie der regelmäßige Einblick in den schulischen Alltag ist für die Mütter der Umgang mit dem Reizthema Fernsehen. Immer wieder höre ich ungefähr folgenden Satz: »Meistens hat mein Sohn seine Hausaufgaben noch nicht gemacht. Er sitzt vor der Glotze, und wenn ich frage, ob er keine Hausaufgaben zu machen hat, sagt er mit dem Brustton der Überzeugung, es sei nur ganz wenig und er mache das schon noch. Er wolle nur noch das hier zu Ende anschauen.«

Wir Mütter kennen das Gefühl, das bei derartigen Sätzen in uns hochkocht. Wir wären dem Himmel unseres Mutterseins ein wesentliches Stück näher, wenn wir von diesen Affekten befreit wären. Unsere Intuition signalisiert uns nämlich: TV-Konsum kann nicht gut für mein Kind sein. Deshalb dürfen wir auch auf unsere Intuition vertrauen, auf sie hören und danach handeln, gerade weil wir das Beste für unser Kind wollen. Seien wir uns darüber im Klaren, dass wir wesentlich mit entscheiden, ob unser Kind später einen guten Schulabschluss machen wird oder nicht. Entscheiden wir uns deshalb für Geist, nicht für Glotze.

Mein Tipp für Sie: Treffen Sie mit Ihrem Kind eine Vereinbarung und erklären Sie ihm anhand des Kapitels 9.1.5 die körperlich und auch geistig beeinträchtigende Wirkung des Fernsehens, Computers und der Videospiele. Besprechen Sie mit Ihrem Kind den Gehalt des Satzes: »Der Meister zeigt sich in der Beschränkung.« Wenn Sie mit Ihrem Kind in diesem Zusammenhang eine Absprache getroffen haben, wird es Ihnen künftig leicht fallen, den Fernseher auszuschalten. Zwar wird der Protest anfangs noch kräftig aufwallen, doch das ist Ihre Reifeprüfung. Ihr Kind sucht Reibung. »Mama, zeig mir, wo es langgeht«, will es sagen. Seien Sie gewiss, Ihr Kind wird Ihnen sein Leben lang dankbar sein, wenn Sie die Herausforderung erkennen, annehmen und bestehen. Seien Sie versichert, eines Tages werden Sie sich besser fühlen bei dem Gedanken, Fernsehen zu viel verboten als zu viel erlaubt zu haben.

Übrigens: Je öfter Sie diese Prüfung bestehen, desto leichter wird sie Ihnen fallen. Zunehmend selbstverständlich, locker und gelassen werden Sie den Fernseher ausschalten. Diesem Verhalten entnimmt Ihr Kind: »Die Mama weiß, wo es langgeht.«

Die Lockerheit, die auf Sicherheit beruht, erträumen sich alle Mütter. Sie sind angewiesen auf das tiefe innere Gefühl des »Auf-sich-vertrauen-Könnens«. Sie bekommen dies nur durch Übung. Bauen Sie also auf Ihr Frühwarnsystem, das zuverlässig funktioniert. Bauen Sie auf die Eingebung in der »Hundertstelsekunde«, die Sie beherzt zum Handeln nutzen können. Wenn Sie gelernt haben, auf diesen entscheidenden Moment zu hören, ahnen Sie auch, was im nächsten Augenblick passieren wird. Durch das Vertrauen auf Ihre Intuition reduzieren sich Zweifel und damit angstbesetzte Gedanken an die Zukunft oder schulderfüllte Gedanken an die Vergangenheit. Sie reduzieren Ihre selbst auferlegte Beschränkung im Handeln. Sie handeln blitzartig, weil intuitiv, und Ihr Verstand überprüft ebenso schnell, ob alles richtig war.

Wie finden und nutzen Sie Ihre Intuition?

- Finden Sie täglich fünf Handlungen, die Sie intuitiv und richtig gemacht haben. Am besten schreiben Sie sie auf.
- Praktizieren Sie diese Übung eine Woche lang.
- Setzen Sie sich täglich eine Viertelstunde auf einen Stuhl und schließen Sie die Augen. Tun Sie nur dies. Konzentrieren Sie sich auf sich. Es klingt unwahrscheinlich, aber so einfach können Sie in der Hektik des Alltags zu sich finden. Sie tun dies bewusst mit sich selbst. Sie nehmen auf diese simple Weise auf Ihr »Selbst-bewusst-Sein« Einfluss.
- Mit der Steigerung Ihrer Intuitionsfähigkeit wächst Ihre Selbstsicherheit, die sich auch auf Ihr Kind und auf Ihren Partner überträgt.
- Zählen Sie 20 Ereignisse in Ihrem Leben auf, in denen Sie intuitiv gehandelt haben und sich dies hinterher als richtig erwiesen hat. Je mehr Sie zu sich finden, desto besser »installieren« Sie Ihre Intuition. Je mehr Sie auf sich hören, desto mehr schulen Sie sich darin, sich selbst zu trauen, sich auf sich selbst zu verlassen. Sie täuschen sich seltener. Sie trauen sich Stück für Stück mehr (zu) und auch Ihrem Kind trauen Sie mehr (zu).

Es tut sich einiges, wenn Sie auf Ihre innere Stimme hören. Die Begabung dazu ist Ihnen jedenfalls mit in die Wiege gelegt worden. Schauen Sie doch mal, was Sie von Natur aus so alles intuitiv tun:

- Sie bereiten Ihr Kind auf das Leben vor.
- Sie leiten es dazu an, zu teilen, zu geben, zu unterstützen, aufzubauen und Sicherheit zu geben.
- Sie machen Ihr Kind für das Zusammenleben mit anderen fit und tauglich.
- Sie begeistern Ihr Kind, indem Sie ihm erklären, warum es etwas Bestimmtes tut.
- Sie vermitteln ihm Werte und Einstellungen. Sie machen ihm die Folgen übertriebener Freiheit klar.
- Sie lassen Ihr Kind Eindeutigkeit erkennen.
- Sie üben Versöhnung und Entschuldigung.
- Sie helfen ihm, Verantwortung für Fehlverhalten zu übernehmen.
- Sie vermitteln ihm durch wohl abgewogene Beschränkungen ein Gefühl von Sicherheit.
- Sie helfen ihm, seinen Tagesablauf zu regeln.
- Sie erklären ihm den Sinn der Ordnung.
- Sie zeigen Ihrem Kind, dass Sie es ernst nehmen, indem Sie es nicht nur Anweisungen ausführen lassen.
- Sie schenken ihm Aufmerksamkeit.
- Sie helfen ihm, Vertrauen aufzubauen, indem Sie ehrlich sind.
- Sie stehen ihm bei, Abenteuer zu meistern. Sie sorgen dafür, dass es Liebe zur Natur entwickelt.
- Sie fordern und fördern Ihr Kind.
- Sie leiten es zur Selbstständigkeit an.
- Sie ermöglichen ihm Auseinandersetzung.
- Sie übernehmen Verantwortung für Ihr Kind und machen ihm dadurch deutlich, dass es einen Anspruch auf Erziehung hat.
- Sie ermöglichen ihm die Durchsichtigkeit Ihrer Erziehungsweise, indem Sie ihm vorleben, was Sie ihm abverlangen.

Es macht auch nichts, wenn Sie intuitiv mal ein Donnerwetter loslassen. Dann war das eben angebracht.

Erziehung durch Ausstrahlung

Wenn wir Mütter den Zugang zu unserer Intuition finden, dann können wir in Bruchteilen von Sekunden einen hoch komplexen Vorgang zur richtigen Entscheidung komprimieren. Wir wissen, bevor wir handeln, was dann passieren wird. Wir können uns auf unseren Instinkt verlassen, auf ein Gefühl, das mit Wissen gepaart ist. Wir können uns sicher fühlen. Wir können sogar aufhören, uns mit den Vätern als Männern messen zu müssen. Wir brauchen nicht mehr beweisen, dass wir dieselbe Arbeitskraft aufbringen – nur an einem anderen »Arbeitsplatz«: dem Gestaltungsfeld »Mutter und Familie«.

Durch unseren Gesichtsausdruck, unsere Mimik, unsere Fältchen, unsere Kopfhaltung, unsere Körperhaltung, unsere Gestik und unsere Körperbewegungen strahlen wir aus, wie wir uns fühlen. Unsere Umgebung nimmt intuitiv wahr, wie wir empfinden und was wir über uns denken.

Manchmal begegnet uns ein Mensch, in dessen Gesicht wir buchstäblich lesen können, dass er glücklich ist. Er strahlt und leuchtet von innen heraus. Wir sind so angezogen von diesem Gesicht, dass wir unbedingt wissen wollen, was es ausmacht, dass es uns nicht loslässt. Wir sind so fasziniert, dass wir gern auf seine Sprache, sein Verhalten, seine Bewegungen achten, und versuchen, uns mit diesen Charakteristika zu identifizieren. Die Ausstrahlung dieses Menschen berührt uns tief in unserem Innersten.

Wir Mütter sind aufgefordert, für unsere Familie so zu sein. Häufig fühlen wir uns aber derart unter Druck, dass wir uns eher unserer Aufgabe entziehen, als uns an ihr zu messen. Es fällt uns schwer zu begreifen, dass wir Mütter eine positive Ausstrahlung »aussenden« sollten, damit wir von unseren Kindern angestrahlt werden können. Sie wollen uns anstrahlen und wir sind die Initiatoren für dieses Angestrahltwerden. Sie strahlen uns an, wenn wir strahlen, und umgekehrt.

Unlängst berichtete mir eine Mutter: »Seit ich meine Einstellung zu mir geändert habe, empfinde ich meine Kinder deutlich weniger anstrengend. Ich bin ihnen gegenüber wohlwollender geworden und vertraue mehr darauf, dass sich meine Kinder schon

zurechtfinden. Dadurch fühlen sie sich nicht auf Schritt und Tritt kontrolliert. Irgendwie lässt der Stress nach. Früher ähnelte unser Zuhause eher einem Abfertigungsbetrieb. Allmählich fühle ich aber, dass eine kleine Familienoase daraus geworden ist. Vieles schreibe ich meiner neuen Ausstrahlung zu.

Kürzlich hatten meine Kinder einen Streit. Als ich mich den beiden Zankhähnen näherte, fühlte ich mich ausgesprochen locker. Meine Kids musterten mich verstohlen. Natürlich waren sie darauf gefasst, dass ich zetern würde. Was ich aber nicht tat. Ich sehe noch ihre fassungslosen Gesichter, als sie merkten, dass ich mich nicht wie üblich einmischte, sondern – offenbar ungewöhnlich – einfach nur schweigend dastand und den Kopf schüttelte. Das muss wohl Eindruck gemacht haben. Vielleicht, weil ich nicht wie üblich dazwischengefahren bin oder Partei ergriffen habe. Jedenfalls haben sie voneinander abgelassen. Egal, was es war, ich stelle fest, dass mein bisher genervter Blick gewisse Auswirkungen auf meine Kinder gehabt hatte. Heute signalisieren ihnen meine Ausstrahlung und mein Blick: Sie hat uns gern. Das wirkt Wunder. Ja, ich habe inzwischen die Erfahrung gemacht, je weniger ich mich einmische, selbst wenn sie mich darum bitten, und ich sie ihre Dinge selbst regeln lasse, desto mehr sehen sie das als Vertrauensbeweis an. Und noch etwas habe ich festgestellt – und ich übertreibe nicht: Seit ich eine veränderte Ausstrahlung habe, sehe ich mich weniger gezwungen, zu argumentieren.«

Was also ist die Quintessenz dieses Kapitels? Die heitere Ausstrahlung der Mutter fördert die Fröhlichkeit innerhalb des Familienverbundes und erweckt das strahlende Wesen in den Kindern. Wie sagte der große Kirchenlehrer und Philosoph Augustinus: »In dir muss brennen, was du in anderen entzünden willst.«

Kurz und bündig

› Wenn wir Mütter uns auf unsere Intuition verlassen, dann sind wir optimal auf alle Situationen des Alltags vorbereitet.

› Wer den Zugang zum Intuitiven gefunden hat, kann in Bruchteilen von Sekunden einen komplexen Vorgang zur richtigen Entscheidung verdichten.

› Die Ausstrahlung der Mutter stärkt den Zusammenhalt der Familie und lässt Kinderaugen leuchten. Sie signalisiert außerdem: Mama ist da, alles ist gut.

Mein Tipp an Sie:
Fangen Sie einfach damit an, sich über sich selbst zu freuen.

9

SIE HABEN MEHR KRAFT, ALS SIE GLAUBEN

UMDENKEN MIT DER CEUS-METHODE

Mütter, ihr glaubt manchmal nicht an euch. Aber ihr habt von Natur aus viel Kraft. Ihr müsst diesen Schatz nur heben. Dieses letzte und wichtigste Kapitel hilft euch dabei, eure innere Stärke und eure Souveränität zurückzugewinnen. Ihr werdet zahlreiche Fälle aus der Praxis finden und mit der CEUS-Methode vertraut gemacht, die auf dem Achtung-Anziehung-Prinzip basiert und die Substanz meiner 30-jährigen Erfahrung in der Arbeit mit Müttern und Schülern ist. Deren Hauptanliegen habe ich in fünf große Themenbereiche eingeteilt:

9.1 *Ja und Nein sagen*   9.2 *Konsequent sein*
9.3 *Unterforderung*   9.4 *Konzentration*
9.5 *Loslassen*

Die vielen Provokationen, wie ich die Aufgabenstellungen gerne nenne, die nur geringfügig voneinander abweichen, regen Ihr Umdenken stark an und führen Sie zu Ihrem unbewussten Wissen. Suchen Sie sich eines der großen fünf Themen aus. Wenn Sie sich überwinden, dieses in der vorgegebenen Reihenfolge konzentriert zu bearbeiten, werden Sie unmittelbar und automatisch anders handeln. Also: Geben Sie sich einen Ruck, legen Sie los und fangen Sie einfach damit an, sich über sich selbst zu freuen. Denn Ihre Lebensfreude ist die Grundlage dafür, dass Sie Ihrem Kind souverän begegnen und ihm mit viel Einfühlungsvermögen und dem richtigen Fingerspitzengefühl die Hilfestellung geben, die es beim Heranwachsen benötigt.

Eine Mutter, die bewusst Ja und Nein sagen kann, kennt ihre eigenen Wünsche und steckt sich höhere Ziele. Das heißt aber nicht, dass sie sich von nun an immer durchzusetzen hat. Nein, sie hat die Souveränität, auch anderen den Vorrang zu lassen, und sie wird, trotz der gestiegenen Selbstachtung, ihrer Familie zur Verfügung stehen.

Sagt eine Mutter bewusst Ja und Nein, dann bedeutet das, dass sie ihrem Gegenüber ebenfalls dieses »Ja-und-Nein-Sagen« einräumt. Sie gesteht ihm also die gleiche Qualität der Eindeutigkeit zu, die sie für sich selbst beansprucht. Damit signalisiert sie ihrem Kind und ihrem Partner Ebenbürtigkeit und Augenhöhe. Bei dieser Mutter bekommt der Umgang mit dem Kind eine neue Qualität. Die Grenzen des anderen werden respektiert. Die natürliche achtungsvolle Distanz vertieft die Beziehung.

Es kommt allerdings nicht nur darauf an, dass sie klar Ja und Nein sagt, auch der Ton, in welchem dies geäußert wird, ist von Bedeutung. Im praktischen Alltag werden Sie aber bald erkennen, dass der richtige Ton ganz von selbst kommt, vor allem dann, wenn Sie spüren, welche Erleichterung im Umgang mit Ihrem Kind das eindeutige Ja oder Nein bringt.

Und Sie werden auch erkennen, dass der vorwurfsvolle Unterton verschwindet, weil das Gefühl, ausgenutzt zu werden, an Schärfe verliert. Sie werden gar nicht mehr überlegen, ob Sie Ja oder Nein sagen sollen. Sie tun es einfach spontan und intuitiv, weil Sie klarer sehen, weil Sie mehr Rückgrat zeigen, weil Sie sicherer auftreten und weil Sie ein gutes Gewissen haben.

9.1.1 Ich bin eine Perfektionistin

SITUATION Frau U. ist 46 Jahre alt, verheiratet und berufstätig im eigenen Unternehmen. Sie und ihr Partner haben drei gemeinsame Kinder: Tom (19 Jahre), Silke (17 Jahre) und Esther (12 Jahre). Frau U. erläutert ihre Situation: »Mein Partner und ich führen ein kleines Unternehmen. Seit die Kinder aus dem Gröbsten raus sind, bin ich in den Betrieb wieder voll involviert. Es macht mir viel Spaß, denn ich fühle mich ausgefüllt und bin zufrieden mit meinem Leben. Mit den Kindern läuft auch alles so weit ganz gut. Aber irgendwie beschleicht mich das Gefühl, dass das alles nur deshalb so gut funktioniert, weil ich so gut funktioniere. An den Wochenenden bräuchte ich Erholung, aber es sind ja noch alle drei Kinder zu Hause. Die Großen verdienen zu wenig, um sich auf eigene Beine stellen zu können, und Esther läuft nur so mit. Ich habe ihr gegenüber ein schlechtes Gewissen, weil ich zu wenig Zeit für sie habe. Hm, ich fühle mich nicht wohl dabei, wenn nicht alle Bereiche in meinem Leben hundertprozentig laufen. Ich meine, ich möchte auf der einen Seite für meine Kinder voll da sein, auf der anderen Seite bin ich aber nur erfüllt, wenn ich viel außer Haus arbeite.«

ZUR ORIENTIERUNG Frau U. glaubt, all ihre Aufgaben als Mutter, Hausfrau und Geschäftsfrau perfekt ausführen zu müssen, um zufrieden sein zu können. Nach diesem Muster lebt sie seit fast zwei Jahrzehnten. Keiner beschwerte sich, denn es lief ja alles wunderbar. Im Augenblick spürt sie aber, dass ihr Leben nur noch aus Schufterei besteht, aus Arbeit, die sie sich aufhalst, weil sie ihr schlechtes Gewissen ständig zur nächsten Handlung drängt, ohne die sie nicht zufrieden sein kann.

LÖSUNG Frau U. sollte erkennen, dass sie die Arbeit aufteilen und dass sie Ja zu ihren Bedürfnissen und Nein zu ihren Überlastungen sagen sollte. In der Folge wird sie sich selbst und ihre Kräfte einschätzen lernen. Sie wird sich fortan weniger überschätzen und Erleichterung verspüren. Sie wird außerdem erkennen, dass ihre Kinder gerne Arbeiten übernehmen und dass sie sie nicht einmal anzutreiben braucht, vorausgesetzt, sie weist ihnen die Aufgaben eindeutig zu und trifft klare Absprachen. Sie wird überrascht sein, wie sorgfältig ihre Kinder die Aufgaben erledigen, und feststellen, dass sie allein durch ihr Beispiel deren Ordnungsempfinden und Gefühl für Wohlbefinden geprägt hat. Darüber hinaus wird sie auch zur Einsicht gelangen, dass ihr Arbeitseifer weniger mit Perfektionismus zu tun hat als mit ihrem Sinn für Harmonie und Ordnung – und dass es in ihrer Familie auch gerade deshalb oft nur scheinbar Harmonie gibt, weil sie für Ordnung sorgt.

So verteilen Sie Aufgaben innerhalb der Familie

✓ Welche Chance geben Sie den einzelnen Mitgliedern Ihrer Familie, wenn Sie zulassen, dass sie Ihnen helfen dürfen? Versuchen Sie nach Möglichkeit, 15 Punkte zu finden.

✓ Welche Arbeiten könnten Sie problemlos abgeben? Erscheint Ihnen das möglich? Finden Sie 10 Arbeiten?

✓ Teilen Sie nun den einzelnen Familienmitgliedern konkrete Aufgaben zu. Notieren Sie bitte die Aufgaben für jedes Kind auf ein jeweiliges Blatt.

✓ Welche Ihrer Bedürfnisse und Wünsche treten zum Vorschein, wenn Sie Ihre Familie zu Ihrer Erleichterung einspannen? Können Sie ungefähr 20 Punkte aufschreiben?

Und noch einige spannende Fragen zu diesem Thema

▪ Welchen Nutzen und Gewinn haben Sie, wenn Sie weniger perfekt sind?

_____

_____

▪ Welche positiven Auswirkungen hat es auf Ihre Partnerschaft, wenn Sie weniger perfekt sind?

_____

_____

- Welche Fähigkeiten und Eigenschaften benötigen Sie, damit Sie klar sagen können, was Sie wie haben möchten?

_____

_____

_____

_____

- Welche positiven Auswirkungen hat es auf Ihr Kraftreservoir, wenn Sie überzeugt sind, dass ein gesunder Egoismus gut für Sie ist?

_____

_____

_____

_____

- Welche Konsequenzen ergeben sich für Sie, wenn Sie erkennen, dass ein klares Ja-Sagen und ein klares Nein-Sagen mit Ihrem Harmoniebedürfnis gut zu vereinen sind?

_____

_____

_____

_____

- Nennen Sie 12 positive Gefühle, die Sie verspüren, wenn Ihre Familie akzeptiert, dass Sie sagen, was Sie möchten.

1 _____

2 _____

3 _____

④ _____

⑤ _____

⑥ _____

⑦ _____

⑧ _____

⑨ _____

⑩ _____

⑪ _____

⑫ _____

- Welche positiven Auswirkungen hat es, wenn Sie erkennen,
  dass Sie, wenn Sie klar Ja und klar Nein sagen, bewusst und
  überzeugt großzügig sein können?

_____

_____

_____

_____

- Nennen Sie 3 konkrete Situationen, in denen Sie noch heute
  klar Ja oder Nein sagen werden.

❶ _____

❷ _____

❸ _____

9.1.2 Ich versuche, es meinem Partner immer recht zu machen

SITUATION Frau M. ist 32 Jahre alt, verheiratet und arbeitet freiberuflich von zu Hause aus. Sie hat zwei Kinder: Sven (4 Jahre) und Mischa (2 Jahre). Frau M. schildert ihre Sorgen: »Ich habe immer ein schlechtes Gewissen, wenn meine Freundin mit ihren Kindern zu Besuch ist. Wir machen es uns dann gerne gemütlich. Die Situation ändert sich allerdings schlagartig, wenn die Zeit naht, in der mein Partner von der Arbeit nach Hause kommt. Ich blicke dann jedes Mal schon nervös auf die Uhr und beginne im Beisein meiner Freundin möglichst unauffällig, das Gröbste zu beseitigen. Ich habe schon richtig Angst, ehe er kommt, denn er wird mit Sicherheit etwas auszusetzen haben. Manchmal habe ich sogar das Gefühl, dass er richtiggehend nach Dingen sucht, an denen er etwas zu kritisieren findet. Irgendwie soll ich immer alles anders machen.«

ZUR ORIENTIERUNG Frau M. gönnt sich einen schönen Nachmittag. Dadurch, dass sie die Spuren der gemütlichen Runde beseitigt, ehe ihr Partner abends nach Hause kommt, signalisiert sie ihm ihr schlechtes Gewissen. Sie hat das Gefühl, ihr Partner könne den Eindruck gewinnen, sie würde zu wenig arbeiten. Auch glaubt sie, er erwartet, wenn er dann nach Hause kommt, eine aufgeräumte Wohnung. Dies strahlt sie aus und fordert ihn gerade dadurch indirekt dazu auf, sie zu kritisieren. Und er tut das. Er kritisiert. Genau das, was sie erwartet.

LÖSUNG Frau M. sollte alles dafür tun, es sich recht zu machen. Sie sollte erkennen, dass sie als Mutter immer Überstunden macht und nie einen geregelten Feierabend hat. Sie sollte sich bewusst einen schönen Nachmittag machen. So signalisiert sie ihm, dass es ihr gut geht und dass sie zufrieden ist. Er will das. Es gibt nichts Schöneres für ihn, als von einer gut gelaunten Frau empfangen zu werden. Er lässt sich gerne davon anstecken. Sie kann offen mit ihrem Vergnügen umgehen und vermittelt nicht mehr das Gefühl, irgendetwas verbergen zu wollen. In der Folge wird ihr Partner nicht mehr als Kontrolleur oder Störenfried dastehen, sondern es genießen, wenn es seiner Familie gut geht.

Ja-Sagen zu sich bedeutet auch, Spaß an sich haben
- ✓ Welche positiven Auswirkungen hat es, wenn Sie zu sich Ja sagen? Finden Sie 20 Punkte?
- ✓ Was berechtigt Sie dazu, sich Vergnügen gönnen zu dürfen? Möglicherweise fallen Ihnen dazu 15 oder sogar mehr Punkte ein.
- ✓ Woran erkennen andere, dass Sie sich Vergnügen bewusst gönnen? Natürlich sollen sie es an möglichst vielem erkennen. Sind 10 Punkte zu viel?
- ✓ Welche positiven Auswirkungen hat es, wenn Sie Ihrem Partner fröhlich von Ihrem schönen Nachmittag berichten? Sie werden erstaunt sein, dass Sie mehr als 10 Punkte finden.
- ✓ Ihr Partner hat das Bedürfnis, Sie zufriedenzustellen. Wenn Sie wissen, dass er Ihre gute Laune als Erfolg für sich verbucht, dann ... Ihnen fallen womöglich 10 Variationen ein.
- ✓ Wenn Sie die gelegentlich weniger guten Stimmungen Ihres Partners nicht auf sich beziehen, dann ... Es dürfte Ihnen nicht schwerfallen, hierzu 10 verschiedene Möglichkeiten aus sich herauszukitzeln.

Weitere interessante Fragen zu diesem Thema
- ▪ Welchen Nutzen und Gewinn haben Sie, wenn Sie aufhören zu versuchen, es Ihrem Partner recht zu machen?

_____

_____

_____

- ▪ Welche positiven Auswirkungen hat es auf das Verhältnis zu Ihren Kindern, wenn Sie aufhören zu versuchen, es Ihrem Partner recht zu machen?

_____

_____

- Wie wirkt es sich positiv auf das Verhältnis zu Ihren Kollegen aus, wenn Sie aufhören zu versuchen, es Ihrem Partner recht zu machen?

_____

_____

_____

- Woran erkennen andere, dass Sie es sich recht machen?

_____

_____

_____

- Womit beginnen Sie, wenn Sie aufhören, darüber zu grübeln, was andere über Sie denken?

_____

_____

_____

- Nennen Sie 6 Situationen, in denen Sie sich ab sofort entscheiden, es nur sich selbst recht zu machen.

1 _____

2 _____

3 _____

4 _____

5 _____

6 _____

9.1.3 Ich kann mich zu nichts aufraffen

SITUATION Frau S. ist 33 Jahre alt, getrennt lebend, Hausfrau, und hat zwei Töchter: Elisa (3 Jahre) und Annika (14 Monate). Frau S. beschreibt ihre Lage so: »Ich kann mich zu nichts aufraffen und schaffe gerade das Allernötigste. An manchen Tagen bin ich so in meinen Gedanken, dass ich meine Kinder machen lasse, was sie wollen. Ich gebe ihnen etwas zu essen, wann es gerade passt. Einmal bin ich so, einmal so. Sie tanzen mir auf dem Kopf herum, weil ich nicht mehr kann. Der Alltag frisst mich auf.«

ZUR ORIENTIERUNG Frau S. ist erschöpft, enttäuscht und unzufrieden mit ihrer momentanen Situation. Sie empfindet die Kindererziehung als eine Einschränkung ihrer persönlichen Freiheit und schafft es nicht, mit ihren Töchtern in adäquater Weise umzugehen. Ihr schlechtes Gewissen äußert sich in Ungeduld, innerer Unruhe, Aggressivität, geistiger Abwesenheit, Hetze von einem zum anderen oder Passivität den Kindern gegenüber.

LÖSUNG Frau S. sollte erkennen, dass sie sich nur selbst aus ihrer Zwangslage befreien kann. Kein Mensch wird ihr die Last, an der sie so schwer trägt, abnehmen. Um ihren wackeligen Zustand zu stabilisieren, sollte sie zunächst Fixpunkte in ihr Leben »einziehen«. Diese Eckpfeiler bilden das Gerüst, das ihr Halt bietet. Außerdem sollte sie sich wenigstens einen Vormittag, einen Nachmittag oder einen Abend freihalten, den sie bewusst für sich und ohne ihre Kinder gestaltet. Erst wenn es Frau S. gelingt, sich verbindlich für ihr Leben mit ihren Kindern zu engagieren, erst von diesem Moment an wird sie sich nicht mehr von den täglichen Lasten erdrücken lassen. Sie wird dann selbst bestimmen, wie sie ihren Alltag haben möchte. Im Laufe der Zeit wird sie auch mit sich aufmerksamer umgehen und diese positive Veränderung ihres Wesens ausstrahlen. Entsprechend werden andere Menschen reagieren und ihr mehr Aufmerksamkeit entgegenbringen. Wenn Frau S. Ja sagt zu Aktivität und Nein zu Passivität und dem ewigen Grübeln, dann werden ihre Kinder zufriedener sein.

Wie Sie Stabilität in den Familienalltag bekommen

✓ Jede Mutter sollte einen Fixpunkt am Tag, eine gemeinsame Mahlzeit mit ihren Kindern, einrichten. Finden Sie, wenn möglich, 10 Punkte dafür, wie sich dieser Fixpunkt positiv auf Ihren eigenen Gemütszustand auswirkt.

✓ Jede Mutter sollte ihr Kind am Einrichten dieses Fixpunkts beteiligen. Notieren Sie jetzt 5 Punkte, wie Sie Ihr Kind mit einbeziehen.

✓ Ihr Kind spürt Ihr verbindliches Engagement, wenn Sie diese gemeinsame Mahlzeit einrichten. Notieren Sie 5 Punkte, wie genau Ihr Kind Ihr verbindliches Engagement spürt.

✓ Wenn die Mutter es geschafft hat, eine gemeinsame Mahlzeit mit ihren Kindern als Fixpunkt einzurichten, dann findet sie noch weitere Fixpunkte in ihrem Alltag. Notieren Sie 3 weitere Fixpunkte.

✓ Wenn die Mutter es geschafft hat, Fixpunkte in ihrem Alltag einzurichten, sagt ihre innere Stimme Folgendes: ... Was genau sagt Ihnen Ihre innere Stimme? Schreiben Sie so viel wie möglich auf. Mindestens aber 5 Punkte.

Aufschlussreiche Antworten zu diesem Thema

▪ Nennen Sie 10 Gründe, warum Sie ein Kind haben wollten.

① _____

② _____

③ _____

④ _____

⑤ _____

⑥ _____

⑦ _____

⑧ _____

⑨ _____

⑩ _____

- Was interessiert Sie ganz besonders an Ihrem Kind?

_____

_____

_____

- Nennen Sie 16 Situationen, in denen Sie sich über Ihr Kind freuen. Es wird Ihnen bestimmt nicht schwerfallen.

1 _____ **9** _____

2 _____ **10** _____

3 _____ **11** _____

4 _____ **12** _____

5 _____ **13** _____

6 _____ **14** _____

7 _____ **15** _____

8 _____ **16** _____

- Womit beginnen Sie, wenn Sie aufhören, immer und immer wieder über den täglichen Kleinkram nachzugrübeln?

_____

_____

_____

- Welchen Nutzen und Gewinn hat Ihr Kind, wenn Sie überzeugt davon sind, dass Ihr Kind es gut bei Ihnen hat?

_____

_____

- Was tankt Ihr Kind bei Ihnen, bei seiner Tankstelle, auf?

  _____

  _____

  _____

  _____

- Woran erkennen andere, dass Sie Ärger und Frustration gegen Optimismus und Gelassenheit eingetauscht haben?

  _____

  _____

  _____

  _____

- Zu lachen und sich zu freuen entspannt. Welche Auswirkungen hat Lächeln noch?

  _____

  _____

  _____

  _____

- Nennen Sie 5 Situationen, in denen Sie gerne lächeln würden, statt grantig zu sein.

  1 _____

  2 _____

  3 _____

  4 _____

  5 _____

9.1.4 Ich weiß nicht, wann ich etwas verbieten soll

SITUATION Frau N. ist 40 Jahre alt, verheiratet und von Beruf Krankenschwester. Sie hat zwei Kinder: Katja (16 Jahre) und Oliver (10 Jahre). Frau N. schildert: »Ich arbeite viel im Nachtdienst. Das heißt, dass ich abends aus dem Haus gehe, noch bevor meine Kinder im Bett sind, und morgens heimkomme, wenn sie schon in der Schule sind. Das geht eine ganze Woche so. Dann ist eine Woche frei. Ich habe selbst festgestellt, dass ich in meiner freien Woche mit den Kindern sehr großzügig bin. Die Gründe liegen auf der Hand. Ich habe eben ein schlechtes Gewissen, ihnen etwas zu verbieten, weil ich ja die Woche drauf so wenig für sie da bin. Ich bringe es einfach nicht übers Herz, Nein zu sagen. Aber so, wie es jetzt ist, kann es auch nicht mehr weitergehen. Die Kinder nutzen die Situation regelrecht aus. Und es kann doch auch nicht zu ihrem Wohl sein.«

ZUR ORIENTIERUNG Frau N. hat ein schlechtes Gewissen. Sie glaubt, die Zeit, in der sie nicht anwesend ist, durch Großzügigkeit und Nachgeben ausgleichen zu müssen. Genau diesen wunden Punkt spüren die Kinder, und sie wissen, wann, wie und wo sie ihn drücken können.

LÖSUNG Frau N. sollte umdenken und ihre Zweifel und ihr schlechtes Gewissen ablegen. Auf diese Weise wird sie ihre Situation realistischer sehen. Sie wird dann auch erkennen, dass ihre Kinder auf die Mama stolz sind, stolz, weil sie einen verantwortungsvollen Beruf ausübt. Sie wird außerdem feststellen, dass Kinder fast alles akzeptieren, vorausgesetzt, die Mutter steht voll hinter dem, was sie tut. Deshalb werden die Kinder von Frau N. akzeptieren, wenn sie klar und selbstsicher zum Ausdruck bringt, was sie erlaubt beziehungsweise verbietet, also das, wovon sie glaubt, dass es gut für die Kinder ist. Frau N. wird darüber hinaus bewusst, dass sie genug Zeit mit ihren Kindern verbringt, in der sie nicht nur anwesend, sondern präsent ist. Dies hat zur Folge, dass sie ihre Kinder mit einem Lächeln und ohne schlechtes Gewissen verabschieden und ihrem Beruf mit mehr Freude nachgehen wird.

Tipps für liebevolle Zuwendung

✓ Wenn die Mutter sich täglich eine Viertelstunde ausschließlich mit ihrem Kind befasst, wird es sich folgendermaßen fühlen: … Sie werden es nicht glauben, aber Sie finden ziemlich sicher 15 Punkte.

✓ Durch liebevolles In-den-Arm-Nehmen signalisiert die Mutter ihrem Kind Nähe. Was signalisiert sie ihm außerdem? Durchforsten Sie Ihr Gehirn und notieren Sie ungefähr 10 Punkte.

✓ Wenn die Mutter ihrem Kind liebevoll in die Augen schaut, während sie ihm etwas sagt, spürt es liebevolles Interesse seiner Mutter. Was spürt das Kind noch? Sind 5 Punkte zu viel?

✓ Die Mutter signalisiert ihrem Kind Liebe, wenn sie ihm deutlich macht, was sie verbietet. Was erkennt ihr Kind dabei außerdem? Sie bringen auf jeden Fall 10 Punkte zusammen.

Wie werden Sie Ihr schlechtes Gewissen los?

▪ Worüber wundern Sie sich, wenn Sie auf Ihr schlechtes Gewissen verzichten?

_____

_____

▪ Womit beginnen Sie, wenn Sie aufhören, ein schlechtes Gewissen zu haben?

_____

_____

▪ Was wünschen Sie sich, wenn Sie sich von Ihrem schlechten Gewissen befreit haben?

_____

_____

- Was empfindet Ihr Kind, wenn es eine Mutter hat, die kein schlechtes Gewissen mehr plagt?

_____

_____

- Nennen Sie 12 positive Gefühle, die Sie verspüren, wenn Sie sich von Ihrem schlechten Gewissen befreit haben.

1 _____   **7** _____

2 _____   **8** _____

3 _____   **9** _____

4 _____   **10** _____

5 _____   **11** _____

6 _____   **12** _____

- Was geschieht, wenn Sie jedem Ihrer Kinder einmal pro Tag (und sei es auch nur für eine Viertelstunde) Ihre ungeteilte Aufmerksamkeit schenken?

_____

_____

- Welche positiven Auswirkungen ergeben sich für das Lernverhalten Ihres Schulkindes, wenn es eine Mutter hat, die kein schlechtes Gewissen mehr plagt?

_____

_____

- Wo wird Ihr Kind mehr Verantwortungsbewusstsein entwickeln, wenn Sie Ihr schlechtes Gewissen abgelegt haben?

_____

_____

9.1.5 Mein Kind sitzt ständig vor der Glotze

SITUATION Frau H. ist 44 Jahre alt, geschieden und ganztags als Apothekerin angestellt. Sie ist Mutter von zwei Kindern: Tobias (7 Jahre) und Nikolas (2 Jahre). Frau H. hat ein Problem, das sie mit fast allen Familien teilt: »Ich habe keine Ahnung, wie ich das Thema Fernsehen in den Griff bekommen soll. Die Meinungen klaffen in dieser Frage so weit auseinander. Wann soll ich das Fernsehen erlauben und wann soll ich es verbieten? Ich weiß es nicht und deshalb agiere ich mal so und mal so. Tobias, mein älterer Sohn, hält mir ständig vor, dass er im Vergleich zu seinen Schulkameraden zu wenig fernsehen dürfe. Hört man jedoch darauf, was deren Eltern zu sagen haben, erfährt man, dass diese die gleichen Kämpfe austragen wie ich. Am liebsten wäre mir ein Patentrezept, wie viel Fernsehen in welcher Altersstufe angebracht ist. Dann hätte ich wenigstens eine Richtschnur.«

ZUR ORIENTIERUNG Frau H. geht es wie Millionen Müttern. Sie alle wünschen sich ein Patentrezept dafür, wie viel Fernsehen in welcher Altersstufe angebracht ist. Keine Mutter weiß so richtig, wie sie mit diesem heiklen Thema umgehen soll: Soll der TV-Konsum rigoros verboten werden? Ist Gleichgültigkeit das bessere Rezept? Sollen »Fernsehpläne« entwickelt werden, die aber dann doch meist wieder verworfen werden? »Ja oder Nein zum Fernsehen?«, »Glotze oder Geist?« – wo ist der goldene Weg?

LÖSUNG Frau H. sollte sich entscheiden: Geist statt Glotze. Daran führt kein Weg vorbei. Die schier erdrückenden Beweise für die körperlich und auch geistig beeinträchtigende Wirkung des Fernsehens werden ihr dabei eine Hilfestellung sein. Fakt ist jedenfalls, dass Kinder greifbare Objekte und Szenen brauchen, um die Welt besser verstehen zu können. Nur durch die sinnliche Erfahrung, nicht aber durch Bildschirme, kommt die pralle Vielfalt unseres Planeten in die Köpfe der Menschen. Bildschirme stellen eine extreme Verarmung der Erfahrungen dar, besonders bei kleinen Kindern, die die Welt im Großen noch nicht erkundet haben und daher Objekte oder Szenen aus Bildschirmmedien nicht in Bezug zu ihr setzen können. Um die Welt sinnlich erfahren und kennenlernen zu können, benötigen Kinder die haptische Wahrnehmung. Für das »Machen mit Händen und Fingern« gibt es keinen Ersatz.

Schauen Sie sich folgende Grafik an. Auf ihr sind Figuren ersichtlich, die von zehn gleichaltrigen Kindern gemalt wurden. Erkennen Sie die Unterschiede?

Typische Zeichnungen von Vorschulkindern – aber mit enormer Deutungskraft. Fünf- bis Sechsjährige, die mindestens drei Stunden täglich fernsehen, malen einfachste Figuren mit Kugelbäuchen und Strichen als Gliedmaßen. Gleichaltrige Kinder, die höchstens eine Stunde am Tag TV konsumieren, zeichnen hingegen Figuren mit Fingern, Füßen, Kleidern und Schuhen. Die Entwürfe sind weitaus differenzierter, realistischer, lebendiger. Menschenkinder, die nicht tagein, tagaus von den Dummhalteanstalten berieselt werden, sehen die Welt also anders.

Obige Grafik ist im Zusammenhang mit einer Studie über Medienkonsum und Passivrauchen bei Vorschulkindern, die im Auftrag der Bundeszentrale für gesundheitliche Aufklärung (BzgA) erstellt wurde, entstanden. Dabei kamen die Wissenschaftler zu folgender Empfehlung: Für Vorschulkinder ist ein täglicher TV-Konsum von 30 Minuten vertretbar, für Schulkinder höchstens eine Stunde pro Tag. Außerdem wird in dieser Studie beeindruckend dargestellt, wie der übermäßige Konsum von Bildschirminhalten verhindert, dass Voraussetzungen für eine optimale Hirnreifung geschaffen werden. Defizite unter anderem in der motorischen und sprachlichen Entwicklung sind die negativen Folgen. Es lohnt sich tatsächlich, den Fernseher wegzusperren oder zumindest eine sehr deutliche Beschränkung der Fernsehdauer einzuführen.

Regeln für den richtigen Umgang mit dem Fernsehen

Dieser Rat erscheint den meisten Eltern sicher nur schwer durchführbar, aber er ist der beste:

✓ Sie sollten den Fernseher in einen Schrank sperren und den Schlüssel sicher verwahren. Im Klartext heißt das: Es ist ratsam für uns Eltern zu lernen, auf das Fernsehen zu verzichten.

Ja, das einfachste Erziehungsmittel ist immer noch das gute Beispiel. Wir als Eltern sollten vorleben, was wir von unseren Kindern wünschen. Sie werden sehen, dass sich erstaunlicherweise bereits nach zwei Wochen ein neues Freizeitverhalten in der Familie einstellen wird.

✓ Am einfachsten ist es, Sie verbannen Fernseher und Bildschirmgeräte gleich aus dem Kinderzimmer. Sie werden sich wundern, wie schnell Ihr Liebstes andere Kinder in seinem Umfeld entdeckt, denen es genauso geht wie ihm: keine Glotze im Zimmer. »Na ja, dann beschäftigen wir uns eben mit etwas anderem«, ist die logische Folge.

✓ Pflegen Sie gemeinsame Mahlzeiten und sprechen Sie bei Tisch miteinander. Lassen Sie Ihre Kinder reden, dann brauchen Sie kein Fernsehen beim Essen als Unterhalter.

✓ Sollten Sie es aber nicht ganz so konsequent halten wollen, halten Sie sich am besten an die empfohlene Fernsehdauer von täglich maximal 30 Minuten für Vorschulkinder und maximal einer Stunde für Schulkinder.

✓ Vor allem sollten Sie Ihr Kind bis zum Vorschulalter nicht alleine fernsehen lassen. Nehmen Sie sich die Zeit und gesellen Sie sich für diese halbe Stunde dazu.

- ✓ Und noch etwas ist wichtig: Sie sollten Fernsehen vor dem Kindergarten, vor der Schule oder vor dem Frühstück einfach verbieten.
- ✓ Und: Lassen Sie Ihr Schulkind niemals vor den Hausaufgaben an ein Bildschirmgerät.
- ✓ Auf jeden Fall sollten Sie sich nicht dazu verleiten lassen, den Fernseher zum Mittelpunkt der Wohnung und der Freizeitgestaltung werden zu lassen.

Wenn sich Frau H. an die von der BzgA empfohlene Regelung der Fernsehdauer hält und ihr dadurch viel mehr fernsehfreie Zeit zur Verfügung steht, dann wird sie merken, wie viel Phantasie sich bei ihr und ihren Kindern freisetzt.

Später wird sie auch merken, welch wohliges Gefühl es ihr und ihren Jüngsten bereitet, wenn sie ihre Kinder fein- und grobmotorisch mit einfachen alltäglichen Mitteln fördert und fordert. Dazu zählen z.B. Backen, Kochen, Ausschneiden, Kleben, Malen, Basteln mit Perlen, Steinen, Stoffen, Blättern, Kastanien, Eicheln und, und, und.

Frau H. wird sich dann sogar freuen, wenn sie hin und wieder einen netten Film auswählt und es sich mit ihren Kindern dabei bewusst gemütlich macht. Ja, sie kann mit dem Thema Fernsehen nun differenzierter umgehen. Sie hat dabei ein gutes Gewissen, denn sie weiß, dass das ein Segen für die gesamte Familie ist.

Und gleich noch ein paar Fragen zum Reizthema Fernsehkonsum

- Welche Eigenschaften benötigen Sie als Mutter, um Ihrem Kind anhand vorstehender Grafik auf wertschätzende Weise zu erklären, warum Sie für eine Beschränkung des Fernsehkonsums sind?

_____

_____

_____

- Welchen Gewinn haben Sie, wenn Sie es schaffen, Ihre eigene Entscheidung für die Begrenzung des Fernsehkonsums zu treffen?

  _____

  _____

  _____

  _____

- Auf welche weiteren 3 Situationen im Alltag könnte es positive Auswirkungen haben, wenn Sie im Umgang mit dem Thema Fernsehen selbstbewusst gehandelt haben?

  _____

  _____

  _____

- Welche positiven Auswirkungen hat es auf das Verhalten Ihres Kindes, wenn es nur noch den von Ihnen mit ihm ausgesuchten Film anschaut?

  _____

  _____

  _____

  _____

- Wie wirkt es sich positiv auf das Verhältnis zu Ihrem Kind aus, wenn Sie kein schlechtes Gewissen mehr haben, dass Sie in Ihrer Familie den Fernsehkonsum einschränken?

  _____

  _____

  _____

  _____

- Durch Ihre neue konsequente Haltung sind Sie berechenbar für Ihr Kind. Worauf wirkt sich dies besonders aus?

_____

_____

_____

_____

- Wie konkret ändert sich das Lernverhalten Ihres Kindes?

_____

_____

_____

_____

- Welche positive Auswirkung hat es auf das spätere Entscheidungsfindungsvermögen Ihres Kindes, wenn es einvernehmlich und gemeinsam mit Ihnen die Entscheidung zu gezügeltem, intelligentem Gebrauch des Mediums Fernsehen trifft?

_____

_____

_____

_____

- Woran erkennen Sie, dass Sie ein gutes Gewissen haben, wenn Sie sich klug und weitsichtig entschieden haben?

_____

_____

_____

_____

Was bedeutet Konsequentsein im Alltag? Es bedeutet, dass Sie aufrecht zu dem stehen, was Sie für wesentlich halten. Leichter gesagt als getan. Denn ehe Sie zu etwas stehen können, ist es empfehlenswert zu klären, zu was genau Sie stehen möchten. Und Sie sollten darüber nachdenken, was die Voraussetzungen dafür und was die Folgen davon sind. Erst dann werden Sie in der Lage sein, konsequentes Verhalten umzusetzen. Würden Sie nämlich nicht darüber nachdenken, dann würden Sie sich anfangs zu viel vornehmen. Weil Sie sich die Voraussetzungen und die Folgen nicht überlegt haben, werden Sie später, wenn Schwierigkeiten auftauchen, leichter aufgeben. Sie würden voller Begeisterung an die neue Herausforderung herangehen – und dann womöglich scheitern.

Ordnung ist das halbe Leben. Das stimmt. Denn wenn für Ordnung und Struktur gesorgt ist, dann sind die Hauptprobleme schon gelöst. Reibereien, Zoff, lästiges Fragen und Suchen fallen ebenso weg wie der Zeitmangel und die Wut über sich selbst, weil man es mal wieder nicht schafft. Wie angenehm, wenn Sätze wie »Wo ist mein ...?« oder »Warum hast du ... nicht weggeräumt?« entfallen.

Bedenken Sie: Bevor Sie mit dem Konsequentsein beginnen und für Ordnung sorgen, sollten Sie die Voraussetzungen klären. Also: Wie bin ich überhaupt veranlagt? Wie viel Ordnung möchte ich? Wo ist Ordnung für die Erleichterung unseres Zusammenlebens wirklich wesentlich? Wo soll ich überhaupt ansetzen? Was ist möglich und realistisch durchzuhalten?

Es könnte z.B. sein, dass Sie sich das gemeinsame Frühstück um sieben Uhr morgens zum »Ordnungs-Ziel« setzen. Machen Sie sich klar: Was hat meine Familie, was habe ich davon?

Ihre innere Antwort könnte nun folgendermaßen lauten: Wenn man den Tag mit einem gemeinsamen Frühstück beginnt, dann beginnt er geordnet. Wenn der Tag strukturiert anfängt, dann verläuft auch der Rest des Tages bei mir und meinen Kindern gesammelt. Außerdem gehen die Kleinen nicht mit leerem Magen in die Schule. Dadurch sind sie in der Lage, sich von Anfang an besser zu konzentrieren. Weil sie gut versorgt sind, habe ich ein gutes Gewissen. Ich kann ganz beruhigt sein.

Was nun sind die Voraussetzungen, um das gemeinsame Frühstück in die Tat umzusetzen? Wieder geben Sie sich die innere Antwort selbst:

Die Großen bekommen einen Wecker, und die Kleinen wecke ich nur einmal.
Die Reihenfolge und die Dauer der Badbenutzung werden gemeinsam festgelegt.
Die Kleidung wird schon am Abend zuvor für den nächsten Tag hergerichtet.
Die Schulranzen stehen gepackt neben den Schreibtischen.

Sie zweifeln? Das brauchen Sie nicht. Es wird gelingen. Allerdings klappt es nur, wenn Sie als Mutter die Voraussetzungen dafür geschaffen haben. Sie sollten sich sagen: »Ich möchte es so. Ich will es so. Mein Verlangen danach ist so riesengroß, dass ich wirklich dafür sorgen kann, dass das so gemacht wird – und zwar ohne Hektik.«

Wenn Sie drei Wochen lang »üben«, dann werden Sie die Früchte des Erfolgs ernten. Bleiben Sie dabei. Legen Sie ein für alle Mal das Verhalten ab, heute dieses und morgen jenes auszuprobieren, weil ja doch nichts nützt.

Und noch eine Erfahrung gebe ich Ihnen mit: Es ist trügerisch zu meinen, dass wirkliche Umwälzungen nur dann entstehen können, wenn Sie z.B. glauben, dass Sie ein Pedant sein müssen, um neue Strukturen durchsetzen zu können. Nein. Jeder kann auch anders Autorität gewinnen. Man muss nur seinen inneren Schweinehund überwinden und das Ruder herumreißen.

Anders denken – anders leben!

9.2.1 Ich fühle mich übergangen

SITUATION Frau J. ist 41 Jahre alt, Ärztin, verheiratet und hat drei Kinder: Sarah (14 Jahre), Joachim (10 Jahre) und Benedikt (4 Jahre). Ihren Alltag beschreibt Frau J. mit folgenden Worten: »Beruflich wie privat habe ich genau das gleiche Problem: Ich werde einfach nicht für voll genommen. Man hört mir nicht zu und reagiert nicht auf das, was ich vorzubringen habe. In der Klinik, wo ich als Ärztin arbeite und bei Planungsangelegenheiten schon ein Wörtchen mitzureden hätte, werde ich einfach übergangen. Auch zu Hause hält sich jeder für wichtig und drückt seine Termine durch. Ich hingegen habe überhaupt keine Chance, auch nur annähernd das zugestanden zu bekommen, was die anderen so selbstverständlich für sich in Anspruch nehmen. Da scheint doch etwas faul zu sein am System. Manchmal reiße ich buchstäblich aus, um meine Wut irgendwo loszuwerden.«

ZUR ORIENTIERUNG Frau J. hat als Mutter und Berufstätige über Jahre hinweg die Bedürfnisse der anderen befriedigt und dabei ihre Ansprüche hintangestellt. Diese Selbstverleugnung macht sie nun wütend und führt dazu, dass sie öfter die Flucht ergreift.

LÖSUNG Frau J. sollte sich das Verhalten der anderen zum Muster nehmen. Diese verfolgen konsequent ihre eigenen Ziele. Sie sollte also ihre eigenen Wünsche auch konsequent an die erste Stelle setzen (»consequi« kommt aus dem Lateinischen und bedeutet: logisch aus etwas folgen).

Dazu sollte Frau J. beträchtlich umdenken und sich selbst ganz schön wichtig nehmen – was nicht leicht sein wird. Eine gehörige Portion Selbstliebe ist aber die Erlösung für sie und ihr Umfeld. Denn Frau J. wird in Zukunft das Gefühl ausstrahlen, sich zu achten. Im Laufe der Zeit wird sie gemäß dem Achtung-Anziehung-Prinzip von anderen mehr geachtet. Durch ihr Umdenken werden sich ihr Verhalten und die vielen kleinen Gewohnheiten im Alltag wie von selbst ummodeln. Ja, sie wird guten Gewissens ihre eigenen Ansprüche anmelden und einfordern, viele Dinge planen und fröhlicher sein.

✓ Suchen Sie sich beim Einkaufen zuerst Ihren Lieblingsjoghurt, Ihren Lieblingskäse und Ihr Lieblingsobst aus. Legen Sie beim Tischdecken zuerst Ihr Gedeck auf. Machen Sie zuerst Ihr Bett. Bügeln Sie zuerst Ihre Blusen. Putzen Sie zuerst Ihre Schuhe und packen Sie zuerst Ihren Reisekoffer. Das fällt keinem auf. Wenn Sie das zwei Wochen jeden Tag üben, stellen Sie ganz bestimmt Veränderungen bei sich fest. Finden Sie 15?

✓ Auch Ihre Familienmitglieder verändern sich daraufhin positiv. Welche Veränderungen stellen Sie bei ihnen fest? Mit Leichtigkeit fallen Ihnen 10 auf.

✓ Ebenso wird sich Ihr Verhalten gegenüber Ihren Arbeitskollegen positiv verändern. Was genau werden Sie ändern? Notieren Sie mindestens 5 Punkte.

Wenn Frau J. umdenkt und sich achtet, wird sie sich wichtig fühlen. Sie wird deutlich ihre Wünsche äußern. Diese werden wahrgenommen und beachtet. In der Folge wird sich ihre Wut legen, denn sie wird für voll genommen. Sie selbst hat das bewirkt.

Starten Sie mit einem Lächeln ins neue Muttersein

▪ Wie genau kümmern Sie sich um sich?

_____

_____

▪ Welche positiven Auswirkungen hat das auf Ihr Verhältnis zu Ihrem Partner?

_____

_____

▪ Nennen Sie ein konkretes Beispiel, woran Sie erkennen, dass sich Ihre Partnerschaft insgesamt geändert hat.

_____

_____

- Welche positiven Veränderungen ergeben sich daraus für den Umgang Ihrer Kollegen mit Ihnen?

  _____

  _____

- Zu lächeln und sich zu freuen entspannt. Welche Auswirkungen hat Lächeln noch?

  _____

  _____

- Nennen Sie 3 Situationen in Ihrem Berufsalltag, in denen Sie gerne lächeln würden, statt schlecht gelaunt zu sein.

  1 _____

  2 _____

  3 _____

- Welchen Nutzen und Gewinn haben Sie, wenn Sie in diesen 3 Situationen von jetzt an lächeln würden?

  1 _____

  2 _____

  3 _____

- Welche positiven Auswirkungen hat das auf Ihre Mutterrolle?

  _____

  _____

- Woran werden andere erkennen, dass Sie dieses veränderte Verhältnis zu Ihrer Mutterrolle haben?

  _____

- Nennen Sie 30 positive Eigenschaften, die Sie besitzen.

1 _____   16 _____

2 _____   17 _____

3 _____   18 _____

4 _____   19 _____

5 _____   20 _____

6 _____   21 _____

7 _____   22 _____

8 _____   23 _____

9 _____   24 _____

10 _____   25 _____

11 _____   26 _____

12 _____   27 _____

13 _____   28 _____

14 _____   29 _____

15 _____   30 _____

- Angenommen, heute Nacht würde ein Wunder geschehen, und Sie hätten morgen beim Aufwachen schlagartig nicht mehr das Gefühl, übergangen zu werden. Welchen Namen würden Sie Ihrer neuen Einstellung geben?

_____

_____

_____

9.2.2 Mein Partner mischt sich immer ein

SITUATION Frau Ü. ist 45 Jahre alt, geschieden und beruflich selbstständig tätig. Sie lebt mit ihrer Tochter Isabelle (15 Jahre) und ihrem neuen Partner zusammen. Frau Ü. hat vor allem Konflikte mit ihrem Partner: »Wir streiten uns häufig darüber, wie wir mit meiner Tochter in bestimmten Situationen verfahren sollen. Wenn ich ihr z.B. erlaube, am Wochenende bis 23 Uhr auszugehen, dann ist sie so einigermaßen damit einverstanden. Vorerst. Aber dann mischt sich mein Partner wieder ein und meint, das sei zu früh und ich müsse ihr mehr Spielraum lassen. So fangen die Diskussionen erst richtig an, weil Isabelle dann doch noch versucht, eine Stunde herauszuschlagen. Ich für meinen Teil bin dann völlig verunsichert und gebe meistens nach.«

ZUR ORIENTIERUNG Frau Ü. handelt im Prinzip richtig: Wenn es mit ihrer Tochter etwas zu besprechen gibt, dann macht sie ihr eindeutige Vorgaben. Doch immer dann, wenn sich ihr Partner in das Gespräch einschaltet, läuft die Situation aus dem Ruder. Dann entstehen Unsicherheiten. Wie bei vielen Müttern, die in dieser Zwickmühle stecken, so tut sich auch Frau Ü. in diesen Momenten schwer, ihren Standpunkt zu verteidigen. Ihr schlechtes Gewissen verleitet sie zum Nachgeben. Sie ist dann völlig verunsichert.

LÖSUNG Frau Ü. ist schon auf dem richtigen Weg, wenn sie eindeutige Vorgaben macht. Doch gestaltet es sich bei ihr so wie in vielen anderen Familien auch: Beide Elternteile sind unterschiedlicher Auffassung. Oder der eine beherrscht die Kunst der Eindeutigkeit mehr als der andere.

Es ist ganz natürlich, dass die Partner ihre Meinung ausfechten, denn es geht schließlich darum, einen für die Familie passenden Erziehungsstil zu finden. Dieses Ausfechten gibt dem Kind das Gefühl: Meine Eltern bemühen und sorgen sich um mich. Sie nehmen sich Zeit für mich. Ich bin ihnen wichtig. Sie ringen um meine Belange.

Allerdings bleibt es fast nie bei einem konstruktiven Zwei-kampf. Die Auseinandersetzungen verlaufen selten in einer har-monischen Tonlage. Was aber kann eine Mutter wie Frau Ü. in dieser Lage tun? Sie sollte ihren Kopf anstrengen und überlegen, was sie für ihr Kind möchte. Da es sich bei ihrem Partner nicht um den Vater ihrer Tochter handelt, sollte sie sich klarmachen, wie viel Mitspracherecht in Erziehungsfragen sie ihm zugestehen will, und ihren Standpunkt dann konsequent vertreten.

Tipps: Wie Sie Ihren eigenen Standpunkt besser vertreten
- ✓ Möchten Sie herausfinden, was Sie berechtigt, Ihren eigenen Standpunkt zu vertreten? Finden Sie nach Möglichkeit 10 Punkte.
- ✓ Wenn Sie Ihren eigenen Standpunkt vertreten, hat das posi-tive Auswirkungen auf Ihre Gesundheit. Notieren Sie mög-lichst 8 Punkte.
- ✓ Wenn Sie Ihren eigenen Standpunkt gegenüber Ihrem Partner vertreten, könnte es Unstimmigkeiten geben. Wie begegnen Sie diesen? Notieren Sie auf jeden Fall 10 Punkte.
- ✓ Finden Sie Begründungen für Ihren Standpunkt, damit Sie si-cher sind. Notieren Sie – falls möglich – 15 Punkte.

Wenn Frau Ü. ihren Standpunkt konsequent und glaubwürdig vor ihrem Partner und ihrem Kind vertritt, dann bietet sie ihrem Kind Sicherheit und Orientierung. Auf Dauer spürt ihr Kind, dass es sich auf die Mutter verlassen kann. Auch kann Frau Ü., wenn sie ihre Linie gefunden hat, Ausnahmen zulassen. Dabei verliert sie nicht ihr Gesicht. Sie wirkt auch nicht unglaubwürdig oder setzt ihr Kind einer Haltlosigkeit aus. Frau Ü. erkennt, wie standhaft sie geworden ist, immer wenn andere Eltern versuchen, sie zu verunsichern, indem sie ihren Standpunkt anzweifeln. Sie strahlt Entschlussfreude aus und erhält Zustimmung von anderen Eltern. Frau Ü. kann ein gutes Gewissen haben.

Noch Fragen zum Thema? Aber ja!
- ▪ Welche Werte möchten Sie Ihrem Kind vermitteln? Finden Sie mindestens 10.

❶ _____

❷ _____

❸ _____

❹ _____

❺ _____

❻ _____

❼ _____

❽ _____

❾ _____

❿ _____

- »Feste Entschlossenheit und Klarheit im Innern, sanfte Anpassung und Stärke im Äußern – das ist der Weg, etwas zu erreichen.« _J. Gins_

  ❶ In welchem Bereich wünschen Sie sich feste Entschlossenheit und Klarheit im Innern?

  _____

  ❷ Auf welche Weise gelangen Sie hier zu fester Entschlossenheit und Klarheit im Innern?

  _____

  ❸ Was ist der erste Schritt auf dieses Ziel zu?

  _____

  _____

  ❹ Was genau müssten Sie als unmittelbar nächsten Schritt tun?

  _____

  _____

- Was bewirkt es bei Ihrem Kind, wenn es spürt, dass Sie wissen, welche Werte Ihnen wichtig sind?

  _____

  _____

- Wie können Sie Ihrem Partner friedlich und ohne Worte signalisieren, was für Sie wesentlich ist?

  _____

  _____

- Woran erkennt Ihr Kind, dass Sie ihm Flügel geben, dass es aber dennoch ein Nest hat?

  _____

  _____

- Was geschieht, wenn Sie aufhören, sich Sorgen zu machen über Dinge, die sowieso nie eintreten?

  _____

  _____

- Welche Gedanken überwiegen bei Ihnen, wenn Sie sich für eine bestimmte Ausgehzeit Ihres Kindes entscheiden?

  _____

  _____

- Welchen Nutzen und Gewinn haben Ihre Kinder, wenn Ihr Partner und Sie miteinander abgleichen, was Ihnen in der Erziehung Ihrer Liebsten wesentlich ist?

  _____

  _____

9.2.3 Ich möchte nicht immer alles zehnmal sagen

SITUATION Frau D. ist 52 Jahre alt, hat einen Sohn Martin (13 Jahre) und lebt mit ihrem Partner und dessen Sohn Edy (11 Jahre) in einer Patchworkfamilie. Sie ist sozial engagiert. Über ihre Situation hat Frau D. Folgendes zu berichten: »Ich muss alles zehnmal sagen, bis sich die Buben dazu herablassen, tätig zu werden. Irgendwann raste ich dann völlig aus und schreie. Auch von meinen Freundinnen kenne ich das. Die meinen, das wäre normal, wenn die Kinder in der Pubertät sind. Aber ich bin mir nicht sicher, ob es das wirklich sein kann, dass Kinder erst dann reagieren, wenn man als Mutter schreit. Vielleicht liegt es einfach an der Stimmlage. Denn auf meinen Partner mit seiner tiefen, kräftigen Stimme hören sie ja meistens.«

ZUR ORIENTIERUNG Frau D. geht es wie fast allen Müttern. Sie sagt etwas zu den Kindern und weiß von vornherein, dass den Anordnungen nicht Folge geleistet wird. Dies äußert sich schon in ihrem gereizten Tonfall. Mit jeder zusätzlichen Ermahnung wird ihre Stimme ungeduldiger und aggressiver. Aber nichts passiert. Die Kinder haben dieses Schema längst durchschaut. Sie schalten von vornherein auf Durchzug. Und Frau D.? Die quält ihr Gewissen, weil sie nicht in der Lage ist, mit den Kindern in einer Weise zu sprechen, die ihnen als vollwertigen, gleichrangigen Menschenwesen gebührt.

LÖSUNG Frau D. ist aufgefordert, ihr bisheriges Verhalten gründlich zu überdenken. Sie sollte vor allem ihre Anweisungen anders formulieren. Denn ein Kind braucht klare Instruktionen, die mit Nachdruck für diese eine bestimmte Situation ausgesprochen werden. Nur die Eindeutigkeit schafft Orientierung. Es liegt also bei der Mutter, ob das Kind ihre Anweisungen ausführt.

Wie Sie Ihre Anweisungen durchsetzen können
- ✓ Überlegen Sie sich ganz genau, was Sie dem Kind sagen wollen.
- ✓ Sprechen Sie deutlich und dem Kind zugewendet.

- ✓ Drücken Sie dies in einem einzigen Satz aus.
- ✓ Wiederholen Sie diesen Satz nicht – auch nicht mit anderen Worten.
- ✓ Rechnen Sie damit, dass das Kind dies ausführt.
- ✓ Verlassen Sie sich darauf, dass Sie Überzeugtheit ausstrahlen.

Wenn Frau D. in dieser Weise vorgeht, fühlen sich die Kinder ernst genommen. Sie werden ihre Anweisung ausführen und dankbar sein für die klare Ausdrucksweise der Mutter.

Wenn weite räumliche Abstände zu den Familienangehörigen bestehen, wird Frau D. zu den jeweiligen Personen gehen, um Blickkontakt und Aufmerksamkeit herzustellen. Wenn die Kinder z.B. in ein Spiel vertieft sind, wird sie folgendermaßen um deren Aufmerksamkeit bitten: »Schaut mich bitte an, ich möchte euch etwas sagen.« Die Kinder werden es tun, denn sie spüren die ernsthafte Absicht ihrer Mutter und fühlen sich würdevoll behandelt und geachtet. Auch künftig werden sie der Mutter Aufmerksamkeit entgegenbringen, ihr zuhören und beachten, was sie sagen möchte. Sie achten sie.

Beginnen auch Sie noch heute damit. Überwinden Sie sich dazu, einen Auftrag bewusst nur einmal auszusprechen. Vermeiden Sie es, ihn mit anderen Vokabeln zu wiederholen. Bleiben Sie dabei in Blickkontakt mit dem Kind, auf gleicher Höhe, ruhig, freundlich, nicht vehement, aber dennoch bestimmt. Wenn man die Kinder anspricht, dann nimmt man sie für voll.

Wie bekommen Ihre Anweisungen mehr Klarheit?

- Was liegt mir daran, dass ich eine Anweisung nur einmal ausspreche, damit sie ausgeführt wird?

- Welche Fähigkeiten und Eigenschaften stehen mir zur Verfügung, um einen Auftrag/eine Bitte/einen Wunsch so zu formulieren, dass das Kind spürt, dass ich es ernst meine?

_____

_____

- Wie fühle ich mich als Mutter, wenn ich etwas nur einmal sage, und es wird ausgeführt?

_____

_____

- Welchen Nutzen und Gewinn hat das Kind, wenn ich ihm diesen Auftrag/diese Bitte/diesen Wunsch nur einmal nenne (Wecken, Aufräumen, Tischdecken, Hundausführen, Hausaufgabenmachen, Vokabelnlernen etc.)?

_____

_____

_____

- Welche positiven Auswirkungen hat dies auf das Verhältnis des Kindes zu mir als der Mutter?

_____

_____

_____

- Welchen Ton nimmt meine Stimme an, wenn ich eine Sache nur einmal sage, und sie wird ausgeführt?

_____

_____

- Welche positiven Auswirkungen hat das auf meine Familie?

  _____

  _____

  _____

- Woran erkennen andere, dass ich aufgehört habe, alles zehnmal zu sagen?

  _____

  _____

  _____

- Nennen Sie 4 positive Eigenschaften, die das Kind dazu befähigen, einen Auftrag sofort auszuführen beziehungsweise einer
  Bitte/einem Wunsch sofort nachzukommen.

  1 _____

  2 _____

  3 _____

  4 _____

- Stellen Sie eine Situation im Alltag dar, in der Sie die gewon-
  nene Erkenntnis sofort umsetzen, das heißt eine Situation, in
  der Sie bewusst einen Auftrag/eine Bitte/einen Wunsch nur
  einmal aussprechen, ohne ihn/sie zu wiederholen.

  _____

  _____

  _____

9.2.4 Ich habe mein Kind verwöhnt

SITUATION Frau W. ist 45 Jahre alt, alleinerziehend, Medizinisch-Technische Assistentin und Mutter von Severin (17 Jahre). Frau W. hat folgendes Problem: »Mein Sohn Severin braucht dringend Ihre Hilfe. Er kommt jetzt in die elfte Klasse Gymnasium. Und gerade jetzt, wo das Abitur quasi vor der Tür steht, ist er von den Leistungen her so abgesackt, dass er in fast allen Fächern auf einer Vier steht. Ich kann sagen, was ich will. Er flegelt nur noch auf dem Bett herum und nimmt nicht einmal den Kopfhörer ab, wenn ich sein Zimmer betrete. Er meckert an allem nur herum. Ich bin alleinerziehend und arbeite den ganzen Tag in der Klinik und abends erledige ich dann die Wäsche und die Einkäufe, am Wochenende putze ich. Da kann ich doch von Severin verlangen, dass er zumindest seine Schule ordentlich macht und sein Zimmer sauber hält. Mehr will ich ja gar nicht.«

ZUR ORIENTIERUNG Frau W. hat ein schlechtes Gewissen, dass ihr Sohn ohne Vater aufwächst. Deshalb schont sie ihn und überträgt ihm keine Aufgaben, während sie selbst sich nur so abrackert.

LÖSUNG Frau W. sollte sich genauso wie sehr viele andere Mütter in ihrer Lage bewusst machen, dass es falsch verstandene Liebe ist, ihrem Sohn alles abzunehmen. Sie sollte sich klarmachen, dass sie ihn auf selbstverständliche Weise in Alltagspflichten mit einbeziehen und ihn fordern muss. Dadurch bietet sie ihm Halt und Orientierung, die er, gerade weil er ohne Vater aufwächst, so dringend benötigt.

In der Folge wird sich ihr Sohn nützlich fühlen und sein flapsiges Verhalten gegenüber der Mutter ablegen. Gewissermaßen als »Nebenprodukt« werden sich seine schulischen Leistungen bessern. Er wird die Überzeugtheit seiner Mutter spüren und sich an ihr messen können. Endlich kann er zu ihr aufschauen und stolz sein.

Wie binden Sie Ihr Kind in Alltagspflichten mit ein?

- ✓ Überlegen Sie, was Ihr Kind jeden Tag im Haushalt erledigen kann.
- ✓ Richten Sie eine tabellarische Liste ein, in die Sie die täglich zu erledigenden Dinge eintragen.
- ✓ Fragen Sie Ihr Kind, ob es damit einverstanden ist. Ich habe in meiner langjährigen Praxis noch nie erlebt, dass das Kind nicht damit einverstanden war.
- ✓ Vereinbaren Sie, was Sie erledigen und was Ihr Kind erledigt.
- ✓ Schreiben Sie alles auf diese Liste (Wäsche waschen, bügeln, Mülleimer leeren, Betten machen, Waschbecken putzen, Spülmaschine ein- und ausräumen, kochen, einkaufen etc.).
- ✓ Lassen Sie Ihr Kind die erledigten Punkte abhaken.
- ✓ Erklären Sie eindeutig, wie die Arbeiten ausgeführt werden sollen.
- ✓ Überprüfen Sie, ob Ihr Kind die Arbeiten ausgeführt hat.

Wenn Frau W. diese Tipps beherzigt, wird ihr Sohn fühlen, dass ihm etwas zugetraut und dass er ernst genommen wird. Er nimmt wahr: Meine Mutter strengt sich für mich an. Ich bin es ihr wert.

Nach dem ersten folgt der zweite Schritt. Die Mutter muss durchhalten und fest bei ihrer Vereinbarung bleiben. Wenn sie das schafft, dann bietet sie ihm, gerade im Sturm der Pubertätsjahre, Halt bei der Ichfindung. Er kann sich an ihr anlehnen wie an einer fest verwurzelten Eiche. Frau W. kann ein gutes Gewissen haben. Sie hat dies bewirkt.

Wie Sie Sicherheit im Umgang mit Ihrem Kind finden

- ▪ Nennen Sie 30 positive Eigenschaften, die Ihr Kind besitzt.

❶ _____	❻ _____
❷ _____	❼ _____
❸ _____	❽ _____
❹ _____	❾ _____
❺ _____	❿ _____

⑪ _____   ㉑ _____

⑫ _____   ㉒ _____

⑬ _____   ㉓ _____

⑭ _____   ㉔ _____

⑮ _____   ㉕ _____

⑯ _____   ㉖ _____

⑰ _____   ㉗ _____

⑱ _____   ㉘ _____

⑲ _____   ㉙ _____

⑳ _____   ㉚ _____

- Was empfindet Ihr Kind, wenn es einer in sich gefestigten Mutter gegenübersteht?

_____

_____

_____

- Welche Auswirkungen hat es auf das Lernverhalten Ihres Kindes, wenn Sie Ihre Unsicherheit ihm gegenüber aufgeben?

_____

_____

- Die Beziehung zwischen Ihnen und Ihrem Kind wird sich ändern. Woran werden andere erkennen, dass Sie dieses veränderte Verhältnis zu Ihrem Kind haben?

_____

_____

- Wenn Sie Ihre Unsicherheit überwinden, wird sich der gute Draht zu Ihrem Kind vertiefen. Woraus besteht dieser gute Draht?

_____

_____

_____

_____

- Welche positiven Auswirkungen hat es auf das Verhältnis zu Ihrem Kind, wenn Sie zu Ihrer mütterlichen Autorität finden? (vom lateinischen »auctoritas« = Ansehen, Beispiel, Einfluss, Ernsthaftigkeit)

_____

_____

_____

_____

- Welche Fähigkeiten/Eigenschaften benötigen Sie, damit Sie Ihrem Kind signalisieren können: »Ich habe meine Unsicherheit dir gegenüber aufgegeben«?

_____

_____

_____

_____

9.2.5 Ich würde gerne delegieren können

SITUATION Frau K. ist 37 Jahre alt, wiederverheiratet und halbtags als Bankkauffrau beschäftigt. Sie hat zwei Kinder: Michael (8 Jahre) und Natascha (6 Jahre). Frau K. leidet an Überforderung. »Auf mir lastet so viel. Ich kümmere mich um jede Kleinigkeit bei den Kindern, habe sämtliche Termine im Kopf und lerne mit dem Großen. Hinzu kommt noch der Haushalt. Zudem arbeite ich halbtags. Das zehrt an meinen Nerven. Vor allem der Ton und der Umgang in der Familie leiden. Jedoch finden mein Partner und meine Kinder, es laufe doch alles wunderbar. Die Bank hat mir jetzt eine Vollzeitstelle angeboten. Wenn ich diese aber annehmen würde, bräche zu Hause das Chaos aus. Außerdem höre ich von so vielen Seiten, dass ich das meiner Familie nicht antun dürfe.«

ZUR ORIENTIERUNG Frau K. ist hin und her gerissen. Ihr droht das Gefühlschaos. Einerseits drückt sie das schlechte Gewissen, dass sie ihre wichtige Aufgabe als Dreh- und Angelpunkt der Familie vernachlässigt, andererseits belastet sie der Umstand, dass sie vor einer neuen beruflichen Herausforderung steht, die sie annehmen will, aber nicht kann oder nicht darf.

LÖSUNG Frau K. sollte umdenken. Sie sollte sich das bewusst machen, was ihr Unterbewusstsein bereits weiß: Es liegt an ihr, Grundlegendes in ihrer Familie zu ändern, konsequent Aufgaben an die Familienmitglieder zu übertragen und damit ihre Lasten aufzuteilen. Sie hat als Mutter die Pflicht, dafür zu sorgen, dass jeder Verantwortung übernimmt.

Sie wird damit beides, Familie und Berufstätigkeit, unter einen Hut bringen. Wenn sie diesen Spagat schafft, dann wird sie sich gut fühlen. Sie wird zufrieden sein, was sich in einem achtungsvollen Umgang innerhalb ihrer Familie bemerkbar macht. Wenn die Kinder erst einmal mehr in die häuslichen Aufgaben eingespannt werden, dann werden sie auch die Tätigkeiten ihrer Mutter höher einschätzen. Frau K. wird diesen Wandel erkennen. In der Folge wird sie bemerken, dass ihre Kinder stolz sind, so einen

Mittelpunkt ihrer Familie zu haben. Sie ist nun auch in der Lage, ihre beruflichen Pläne nach außen, vor anderen Menschen, besser zu vertreten. Dieser Fortschritt gibt Frau K. Erfüllung.

Warum konsequentes Auftreten so wichtig ist

✓ Wenn Sie aufrecht zu dem stehen, was Sie für wesentlich halten, dann ... Finden Sie nach Möglichkeit 10 Punkte.

✓ Wenn Sie konsequent Ihre Ziele verfolgen, dann werden Ordnung und Gleichberechtigung in Ihrer Familie einkehren. Was wird außerdem einkehren? Bestimmt finden Sie 5 Punkte.

✓ Wenn Sie konsequent Ihre Ziele umsetzen, nehmen Skeptiker Sie zum Vorbild. Was genau nehmen diese sich an Ihnen zum Vorbild? Wahrscheinlich fallen Ihnen leicht 10 Punkte ein.

Wenn Frau K. herausgefunden hat, dass es allen in ihrer Familie besser geht, wenn sie konsequent ihre Ziele verfolgt, dann wird sie ein gutes Gewissen haben.

Wie Sie eine konsequente Mutter werden

- Womit beginnen Sie, wenn Sie aufhören, hin und her gerissen zu sein?

_____

_____

- Was würde Sie ganz besonders an Ihrem neuen Job, einer neuen Herausforderung interessieren?

_____

_____

- Womit beginnen Sie, wenn Sie sich von Ihrem schlechten Gewissen befreit haben?

_____

_____

- Was würde sich im Familienalltag ändern, wenn Sie überzeugt wären, dass Ihr konsequentes Verhalten akzeptiert würde?

_____

_____

- Woran würden andere erkennen, dass Sie sich für mehr Konsequenz entschieden haben?

_____

_____

- Welchen Gewinn hat Ihr Kind, wenn es von einer Mutter versorgt wird, die mit sich zufrieden ist?

_____

_____

- Welche positiven Auswirkungen hat es auf das Lernverhalten Ihres Kindes, wenn Sie sich für mehr Konsequenz im häuslichen Bereich entscheiden?

_____

Welche positiven Auswirkungen hat es auf das Verhältnis zu Ihrem Partner, wenn Sie zufrieden sind?

_____

_____

Nennen Sie 3 Situationen, in denen Sie konsequent sein müssen, damit Ihr Vorhaben umsetzbar ist.

_____

_____

_____

UNTERFORDERUNG

Manche Kinder, die man für überfordert hält, sind im Grunde genommen unterfordert. Unterfordert deshalb, weil es ihnen an Hürden mangelt, die zu überwinden sie stark und selbstbewusst macht. Warum aber mangelt es oft an diesen Hürden? Weil Eltern sich wünschen, dass es ihrem Kind gut geht und dass es ihm an nichts fehlt. Sie alle wollen nur das Beste für ihr Kind. Und genau deshalb räumen sie ihm so viele Steine wie möglich aus dem Weg.

Nehmen Sie zum Vergleich einen Hürdenlauf. Während des Trainings lernt der Läufer, wie viel Anlauf er benötigt, um genügend Höhe zu erreichen. Er lernt, wie viel Kondition er braucht. Er lernt einzuschätzen, für welche Höhe seine momentane Kapazität ausreicht. Er lernt abzuschätzen, wie weit er sich zu steigern hat. Er lernt, wie viel Übung es noch bedarf, um die Hürde nehmen zu können. Er lernt, mit dem Training rechtzeitig zu beginnen. Er lernt, dass man nur mit Fleiß und Ausdauer eine Hürde nehmen kann. Er lernt, dass sein eigener Wille und seine Freiwilligkeit den inneren Antrieb für die Leistung bringen. Aber das alles lernt er nur, wenn er die Möglichkeit bekommt, eine Hürde zu nehmen und sich ein Ziel zu setzen. Was für den Hürdenläufer gilt, gilt auch für jedes Kind.

Dadurch, dass es Hindernisse bewältigen kann und zeigen darf, was in ihm steckt, kommt es zu folgenden Erkenntnissen: Das steckt in mir. Das sind meine Fähigkeiten. Das habe ich bisher noch nicht für möglich gehalten. Ich bin erstaunt über mich selbst. Ich bin dazu in der Lage. Ich bin über mich selbst hinausgewachsen. Ich habe das Zeug dazu. Ich habe etwas geleistet und deshalb bin ich glücklich. Ich gehe jetzt mit mir selbst bewusst um.

Es gibt zwar kein Patentrezept, an das sich Eltern halten können, wenn sie das Selbstbewusstsein ihres Kindes in allen Lebenslagen steigern wollen, aber es gibt die Möglichkeit, wirklich an dessen Fähigkeiten zu glauben, ihm etwas zuzutrauen, ihm Gelegenheit zu geben, sich einzubringen und dadurch den Eigenantrieb zu provozieren, anstatt es zu schonen. Bis die Anstrengungsbereitschaft vom Kind selbst kommt, braucht es etwas Geduld: Geduld als Zuschauer beim Hürdenlauf Ihres Kindes. Auch Sie haben ihn einst gemacht. Auch Sie kamen nicht darum herum. Keiner kommt darum herum. Hindernisse gehören zum Leben. Aber Hindernisse zu bewältigen macht auch Freude. Ihrem Kind und Ihnen selbst. Und je fröhlicher Sie dabei sind, umso mehr spürt Ihr Kind, dass Sie ihm vertrauen. Und dann wird es auch die Schwierigkeiten in seinem Leben meistern, mit allen Höhen und Tiefen fertig werden. Machen Sie sich aber darauf gefasst, dass Ihr Kind nicht immer nur Rekorde aufstellen wird, selbst wenn es sein Bestes gibt. Diese Erwartung wäre überzogen. Ihr Kind wird stolpern und fallen und dann wieder aufstehen und weitermachen. Nur auf diese Weise kann es herausfinden, was in ihm steckt. Das gehört zum Leben.

9.3.1 Mein Kind schafft nichts, wenn ich nicht hinterher bin

SITUATION Frau M. ist 35 Jahre alt, verheiratet, Hausfrau und hat zwei Kinder: Maximilian (12 Jahre) und Franziska (9 Jahre). Frau M. und ihre Tochter haben ein ehrgeiziges Ziel: »Die Franzi und ich, wir wollen beide unbedingt den Sprung von der vierten Klasse Grundschule ins Gymnasium schaffen. Obwohl ich sie anfeuere wie eine Löwin, schreibt sie oft nur Dreier, was den Übertritt ganz knapp gefährdet. Dabei ist sie doch intelligent genug. Sie könnte auch Einser und Zweier schreiben. Sie verlässt sich aber zu sehr auf mich. Ich weiß z.B., wann sie Arbeiten schreibt, ich sortiere ihre Blätter ein, ich erstelle ihr einen Lernplan, ich gehe mit ihr den Lernstoff durch, ich packe ihre Bücher und Hefte ein. Ich meine, dass ich verpflichtet bin, ihr das alles und noch viel mehr abzunehmen, weil die Schule ihr schon so viel abverlangt und sie ja auch noch ein bisschen Freizeit braucht. Wenn sie doch selbst nur mehr Initiative ergreifen würde.«

ZUR ORIENTIERUNG Frau M. möchte nur das Beste für ihr Kind. Aber je mehr sie sich das Behüten und Antreiben ihrer Tochter zur Aufgabe macht, desto mehr schränkt sie Franziska in der Entwicklung ihrer Selbstständigkeit ein und desto weniger hat das Mädchen die Chance, Eigeninitiative zu entwickeln. Ihre Anstrengungsbereitschaft wird entsprechend erlahmen, womit sie unbewusst dem Unterforderungsprogramm der Mutter entspricht.

LÖSUNG Zunächst einmal sollte Frau M. erkennen, dass nur der Schultyp der richtige ist, den ihr Kind selbstständig erreicht. Dazu sollte sich Frau M. von ihren Zweifeln frei machen. Denn nur so kann sie die Leistungsfähigkeit ihres Kindes neutral bewerten. Im Unterbewusstsein weiß sie ohnehin, wozu ihr Kind in der Lage ist. Frei von Zweifeln, wird sie den Weg finden, der die Eigeninitiative ihres Kindes fördert, statt diese zu bremsen. Im Laufe der Zeit wird Frau M. feststellen, dass sie ihrer Tochter das Beste ermöglicht, gerade weil sie anders vorgeht.

Was kann Frau M. in diesem Fall konkret tun? Sie sollte sich bewusst machen, dass ihr Kind zwar die geistigen Voraussetzungen für den gewünschten Schultyp mitbringt, dass es im Moment die neue Bildungsstätte aber erst einmal räumlich beschnuppern will. Wenn Frau M. ihrer Tochter diese sanfte Art der Begegnung ermöglicht, dann fördert sie die Neugier ihres Kindes und weckt langsam auch das Interesse an der ungewohnten Lernumgebung. Auf diese Weise entspannt sich unmerklich das Verhältnis zu ihrem Kind. Der Druck der Mutter auf das Kind vermindert sich. In der Folge wird Franziska Eigeninitiative entwickeln.

Warum es Sinn macht, sich manchmal zurückzuziehen

- ✓ Wenn Sie sich zurückziehen, geben Sie Ihrem Kind die Chance, sich anstrengen zu dürfen. Was genau tun Sie, damit Sie sich zurückziehen können? Notieren Sie 15 Punkte.
- ✓ Wenn Sie sich zurückziehen, wachsen Sie über sich hinaus. Sie stellen fest, was alles in Ihnen steckt. Was steckt in Ihnen? Sie werden bestimmt 20 Punkte finden.
- ✓ Wenn Sie sich zurückziehen, können Sie dem Hürdenlauf Ihres Kindes gelassen zusehen. Sie werden erkennen, wie sein Eigenantrieb wächst. Wie genau wächst er? Mit Sicherheit werden Ihnen dazu mehr als 10 Punkte einfallen.

Ängste abbauen, Vertrauen aufbauen, Ziele setzen – und dann los!

- Was genau möchten Sie mit Ihrem Kind erreichen?

_____

_____

_____

- Was ist Ihnen wichtig am Erreichen dieses Zieles?

_____

_____

- Was wollen Sie lassen/beenden/vermeiden, damit Sie das erreichen?

_____

_____

- Was wollen Sie tun, damit Sie das erreichen?

_____

_____

- Sie haben ständig Angst, dass Ihr Kind es nicht schafft. Deshalb machen Sie Druck. Womit beginnen Sie, wenn Sie mit dieser Angst aufhören?

_____

_____

- Woran würden Sie erkennen, dass Ihre Angst zugunsten von Zutrauen zu Ihrem Kind gewichen ist?

_____

_____

- Sie wissen, dass Ihr Kind über viele gute Eigenschaften verfügt. Nennen Sie 12 kognitive Eigenschaften.

1 _____   7 _____

2 _____   8 _____

3 _____   9 _____

4 _____   10 _____

5 _____   11 _____

6 _____   12 _____

- Wie würde Ihr Kind sich fühlen, wenn Sie, statt Angst zu haben, ihm etwas zutrauen würden?

_____

_____

_____

_____

- Welche positiven Auswirkungen hätte dies auf das Verhalten Ihres Kindes im Unterricht?

_____

_____

_____

_____

- Welche positiven Auswirkungen hätte dies auf das Verhalten Ihres Kindes seinen Geschwistern/Kameraden gegenüber?

_____

_____

_____

_____

- Wie würden Sie sich fühlen, wenn Sie Ihrem Kind etwas zutrauen würden?

_____

_____

_____

9.3.2 Ich fühle mich meinem Kind nicht gewachsen

SITUATION Frau B. ist 35 Jahre alt, alleinerziehend und hat sich als Physiotherapeutin selbstständig gemacht. Sie hat zwei Kinder: Laura (12 Jahre) und Nora (8 Jahre). Frau B. hat ein Problem, um das sie andere Mütter eigentlich beneiden würden: »Meine jüngere Tochter Nora ist sehr helle. Mir war immer schon unheimlich, dass sie über Dinge Bescheid wusste, über die ich noch nie nachgedacht hatte. Bei einem Intelligenztest wurde schließlich ein sehr hoher IQ festgestellt. Dennoch bereitet sie mir Kopfzerbrechen. Denn in der Schule bringen sie die außergewöhnlichen Fähigkeiten nicht weiter. Sie ist im Unterricht aufsässig und konzentriert sich nicht. Ihre Leistungen stehen daher in keinem Verhältnis zu dem, was sie von der Intelligenz her leicht bewältigen könnte.«

ZUR ORIENTIERUNG Frau B.s Problem ist bekannt. Kinder wie Nora sind äußerst unbequem für ihre Erzieher. Sie haben Antennen, die weit reichen, und sie nehmen alles wahr. Sie fordern ihre Mütter permanent (heraus). Daraus entsteht dann ein Problem. Denn die Mütter grübeln und fühlen sich auch ständig getrieben, Maßnahmen gegen das aufsässige Verhalten ihrer Kinder ergreifen zu müssen oder zumindest danach zu suchen, anstatt erst einmal das Gute in ihren Kindern wahrzunehmen.

LÖSUNG Frau B. sollte die Perspektive wechseln. Sie sollte die überdurchschnittliche Intelligenz ihres Kindes als etwas Positives begreifen. Nur dann wird sich ihr Kind auch nicht mehr gezwungen fühlen, durch auffälliges, insbesondere negatives Verhalten auf sein besonderes Talent aufmerksam machen zu müssen. Wenn also Frau B. ihr Kind in seiner Besonderheit annimmt, wird es unendlich erleichtert und entspannt sein können. Seine bisherige, eher überspannte Haltung, die den Umgang mit ihm schwierig gemacht hatte, wird sich lockern. Es darf nun endlich zeigen, was wirklich in ihm steckt und was es kann.

Und Frau B. wird sich nun ihrem Kind gegenüber entkrampft zeigen und sich an seinen wunderbaren Fähigkeiten freuen können. Sie wird in der Lage sein, diese Veranlagung zu würdigen und sie auf dem richtigen Weg zur Entfaltung zu bringen. Auch wird sie erkennen, dass sie durch klare Strukturen im häuslichen Bereich die Voraussetzungen schaffen sollte, an denen sich ihr Kind orientieren kann.

Vor allem wird ihr auch klar werden, dass sie ihr Kind nicht als etwas Ungewöhnliches und deshalb Schwieriges behandeln darf. Denn es möchte wie jedes andere Kind in den familiären Alltag integriert und von ihr gerade im häuslichen Bereich gefordert werden. Wenn sie diese Regeln befolgt, dann wird Frau B. ein ausgeglichenes Kind haben, das im Unterricht aufpasst und seine besonderen intellektuellen Begabungen in exzellente Noten umsetzt. Sein aufmüpfiges Verhalten wird sich legen, sobald es spürt, dass es erkannt wird.

Wie Sie Normalität in den Alltag bringen

✓ Wenn das Kind zu Hause mit ganz normalen Aufgaben betreut wird, fühlt es sich nicht länger als Sonderling und die Mutter hört auf zu grübeln. Worüber wird sie nicht länger grübeln? Bestimmt fallen Ihnen 10 Punkte ein.

✓ Wenn die Mutter ihr Kind im häuslichen Bereich fordert, wird das Kind seiner Mutter dankbar sein. Wie genau drückt es diese Dankbarkeit aus? Sie werden erstaunt sein, dass Sie mindestens 15 Punkte gefunden haben.

Lernen Sie, Ihr Kind so zu akzeptieren, wie es ist

▪ Ihr Kind hat unendlich viele gute Fähigkeiten. Finden Sie mindestens 30.

❶ _____	❻ _____
❷ _____	❼ _____
❸ _____	❽ _____
❹ _____	❾ _____
❺ _____	❿ _____

11 _____   21 _____

12 _____   22 _____

13 _____   23 _____

14 _____   24 _____

15 _____   25 _____

16 _____   26 _____

17 _____   27 _____

18 _____   28 _____

19 _____   29 _____

20 _____   30 _____

- Wie wird sich Ihr Kind im Unterricht verhalten, wenn es zeigen darf, was in ihm steckt?

  _____

  _____

- Wenn Sie in Zukunft aufhören, über Ihr Kind zu grübeln, wird sich Ihr Verhalten Ihrem Kind gegenüber folgendermaßen ändern:

  _____

  _____

- Wenn Sie Ihr Kind so annehmen, wie es ist, wird sich Ihr Ton ihm gegenüber positiv verändern. Wie genau wird sich Ihr Ton ihm gegenüber verändern?

  _____

  _____

- Was spürt Ihr Kind, wenn sich Ihr Ton ihm gegenüber in dieser Weise verändert?

- Wie wird sich Ihr Kind seinen Klassenkameraden gegenüber verhalten, wenn Sie ihm Strukturen geben und es in häusliche Pflichten einbinden?

- Wenn Sie Ihr Kind so akzeptieren, wie es ist, äußert sich das bei Ihnen in Entspanntsein. Wie genau nehmen Sie dieses Entspanntsein wahr?

- Welche positiven Auswirkungen hat es auf Ihr Verhältnis zu anderen Müttern, wenn Sie Ihr Kind so akzeptieren, wie es ist?

- Welche positiven Auswirkungen hat es, wenn Sie erkennen, dass Sie sich selbst mit Ihren großartigen Fähigkeiten akzeptieren, indem Sie Ihr Kind mit all seinen großartigen Fähigkeiten akzeptieren?

- Welche positiven Auswirkungen hat das auf Ihr Verhältnis zu Ihrem Partner?

9.3.3 Mein Kind kann keine Ordnung halten

SITUATION Frau M. ist 34 Jahre alt, verheiratet und arbeitet als selbstständige Grafikerin. Sie hat zwei Kinder: Sylvia (9 Jahre) und Anton (7 Jahre). Frau M. ärgert sich vor allem über ihre Große: »Dauernd muss ich meiner Tochter Sylvia hinterherräumen. Sie lässt ihre Sachen einfach da fallen, wo sie gerade geht und steht, und findet dann natürlich nichts mehr. Manchmal bin ich superstreng, schimpfe und verlange ein penibel aufgeräumtes Zimmer. Dabei drückt mich aber immer ein schlechtes Gewissen. Um mich zu besänftigen, schaue ich das nächste Mal resigniert über das Chaos hinweg, bin nachgiebig und räume halt selber auf. Den Mittelweg finde ich nicht, und das stresst mich ungemein.«

ZUR ORIENTIERUNG Frau M. ist wenig motiviert, ihrer Tochter Ordnung beizubringen. Sie fühlt sich hilflos, weil sie einerseits drakonische Ordnungsregeln aufstellt und andererseits gleichgültig über das Durcheinander hinwegsieht und selbst aufräumt. Sie ist auf der Suche nach der goldenen Mitte. Vor allem möchte sie, dass mehr Ordnungssinn herrscht und dass sie sich nicht abzumühen braucht.

LÖSUNG Frau M. sollte sich klarmachen, dass Ordnung zu haben normal ist und dass Unordnung zu haben nicht normal ist. Außerdem ist Ordnung die Voraussetzung für ein reibungsloses Zusammenleben – in der Familie wie in der gesamten Gesellschaft. Sie sollte erkennen, dass sie als Vorbild dient, damit ihr Kind an seiner Mutter ein Beispiel hat und sich an ihr orientieren kann. Dies gibt ihm Sicherheit. Ihr Kind möchte, dass selbstverständlich Ordnung gehalten wird und dass jeder ohne Probleme seine Jacken, Hosen und Schuhe an den dafür üblichen Platz räumt.

Gehen Sie mit gutem Beispiel voran

✓ Wenn die Mutter selbst Ordnung als Selbstverständlichkeit ansieht, hat sie den Kopf frei für andere Dinge. Wofür hat sie den Kopf frei? Erstaunlicherweise werden Ihnen mindestens 15 Punkte dazu einfallen.

✓ Wenn Ihr Kind Sie als Vorbild nehmen kann, wird es sicher. Was wird es außerdem? Können Sie sich vorstellen, dass Sie 10 Punkte finden?

✓ Ihr Kind wird Sie täglich testen, damit Sie lernen, die Ordnung zu überprüfen. Was wird es sich dabei einfallen lassen? Schmunzelnd erkennen Sie auf jeden Fall 10 verschiedene kleine Testsituationen.

Ordnung ist das halbe Leben

▪ Welche Fähigkeiten/Eigenschaften benötigen Sie, damit Sie Ihrem Kind Ordnung beibringen können?

_____

_____

_____

▪ Welche positiven Auswirkungen hat es auf das Lernverhalten Ihres Kindes, wenn Sie es in Sachen Aufräumen nicht unterfordern?

_____

_____

_____

▪ Wenn Sie Ihr Kind in Sachen Aufräumen nicht mehr unterfordern, wird es gegenüber seinen Kameraden folgendes Verhalten an den Tag legen:

_____

_____

- Welche positiven Auswirkungen hat es auf das Verhältnis Ihres Kindes zu seinem Vater, wenn Sie es in Sachen Aufräumen nicht mehr unterfordern?

_____

_____

_____

- Welche Konsequenzen ergeben sich daraus auf das allgemeine Verhalten Ihres Kindes Ihnen gegenüber?

_____

_____

_____

- Ihr Kind erwartet von Ihnen, dass Sie es, wenn Sie es lieben, fordern. Nennen Sie 3 Situationen, in welchen Ihnen Ihr Kind »versteckt« zeigt, dass es Ihnen dankbar ist für den neuen Umgang mit ihm.

_____

_____

_____

9.3.4 Ich kann nicht erkennen, ob mein Kind unter- oder überfordert ist

SITUATION Frau P. ist 42 Jahre alt, verheiratet, Hausfrau und Mutter zweier Kinder: Jan (17 Jahre) und Frank (13 Jahre). Bei Frau P. gibt es einen bösen Durchhänger: »In der Grundschulzeit lief bei meinem Sohn Frank alles problemlos. Als er aber ins Gymnasium kam, sackte er ab – zuerst in Mathe und schließlich auch in den Nebenfächern. Nun wiederholt er die sechste Klasse, aber ohne Erfolg. Er schreibt mittlerweile sogar auch noch Fünfer in Deutsch und in Englisch. Ihm ist alles egal. Er hängt nur noch rum. Dabei habe ich ihn extra ein Jahr später einschulen lassen, damit er nicht so früh dem Stress ausgesetzt ist. Wegen dieses Themas ist unser ganzes Familienleben dahin.«

ZUR ORIENTIERUNG Es ist nicht ungewöhnlich, dass sich ein Schüler nach dem Übertritt ins Gymnasium zunächst verschlechtert. Das veränderte Umfeld und die komplexeren Anforderungen sind dafür verantwortlich. Bei genauem Hinsehen können die Probleme jedoch auch woanders liegen. Nehmen wir diesen Fall. Frank hat die Grundschule problemlos durchlaufen und musste bislang keine großen Hürden bewältigen. Seine guten Zensuren hat er stets mit Leichtigkeit erzielt. Er glaubte, dass das Lernen im gleichen Stil wie in der Grundschule weiterginge und dass er sich nicht besonders anstrengen müsse. Das war ein Irrtum. Frank verpasste ganz schnell den Anschluss, sodass sich seine Noten in der sechsten Klasse insgesamt dramatisch verschlechterten.

LÖSUNG Franks Eltern blieben die wahren Hintergründe verborgen. Statt zu realisieren, dass ihr Sohn auf Leichtigkeit eingestellt war, zweifelten sie an seinen Fähigkeiten und machten sich Gedanken darüber, ob ihr Kind mit dem Gymnasium überfordert sei. Das Kernproblem war, dass Frank es nicht gewohnt war, um eine Note zu kämpfen. Er ließ sich daher von seinen weniger guten Noten schnell entmutigen. Eine schlechte Note hieß für ihn nicht »Du hast nicht aufgepasst« oder »Du hast nicht genug gelernt«, sondern »Du bist schlecht«. Die schlechte Note scheint für ihn wie ein Urteil. Er geht hart mit sich ins Gericht: »Ich bin schlecht.« Je mehr nun Frau P. über das Schulsystem klagt und je mehr sie nach anderen Schulen Ausschau hält, umso mehr gibt sie Frank indirekt zu verstehen, dass sie an seinen Fähigkeiten zweifelt. Dies gibt Franks Selbstzweifeln Nahrung.

Frau P. und ihr Mann sollten aufhören zu jammern. Sie sollten lieber umdenken und ihr Kind aufbauen. Frank möchte die Rückendeckung der Eltern und das Vertrauen in seine Fähigkeiten spüren. Nur so kann er seine Einstellung zu sich ändern. Die Blockaden, die das Lernen verhindern, werden sich lösen. Er wird im Unterricht wieder aufpassen. Die Stimmung zu Hause wird wieder so gut wie früher sein. Schließlich hat Frank die Erfahrung gemacht, dass er in Krisenzeiten auf seine Eltern zählen kann und dass sie ihn hoch einschätzen. Zudem ist er schlau genug, um zu wissen, dass Probleme da sind, um gelöst zu werden. Es sind Hürden, die es zu nehmen gilt.

Fazit: Frank wird aufgeschlossen und dankbar sein für die Vorschläge seiner Eltern und vor allem für deren Initiative, sich für ihn so einzusetzen. Frank wird es ihnen ein Leben lang nicht vergessen.

Wie Sie lernen, mit den Fähigkeiten Ihres Kindes besser umzugehen

- Welches sind die ersten positiven Auswirkungen auf die Leistungen Ihres Kindes, wenn Sie auf dessen Fähigkeiten vertrauen?

_____

_____

_____

- Was bedeutet es für Ihr Kind, wenn es spürt, dass Sie es nicht zurückstufen möchten?

_____

_____

- Nennen Sie 20 Punkte, die sich im Zusammenleben mit Ihrem Kind zum Positiven ändern, wenn Sie Ihr schlechtes Gewissen ablegen – Ihr schlechtes Gewissen deshalb, weil Sie das Gefühl haben, etwas mit ihm falsch gemacht zu haben.

1. _____
2. _____
3. _____
4. _____
5. _____
6. _____
7. _____
8. _____
9. _____
10. _____

11. _____
12. _____
13. _____
14. _____
15. _____
16. _____
17. _____
18. _____
19. _____
20. _____

- Woran erkennen Sie, dass Ihr Kind auf sich und seine Fähigkeiten vertraut?

_____

_____

- Geben Sie 5 Begründungen dafür, dass es so richtig ist, wie Sie es mit Ihrem Kind machen.

1. _____
2. _____
3. _____
4. _____
5. _____

- Darauf zu vertrauen, dass das Problem mit Ihrem Kind positiv gelöst wird, bedeutet für Sie:

_____

_____

_____

_____

- Welche Ihrer positiven Eigenschaften helfen Ihnen dabei?

_____

_____

_____

_____

- Nennen Sie 3 Situationen, in welchen sich das Verhalten des Vaters Ihrem Kind gegenüber positiv verändern wird.

  1 _____

  2 _____

  3 _____

- Welchen Nutzen und Gewinn haben Sie davon?

_____

_____

_____

_____

9.3.5 Ich komme mit meiner neuen Rolle als Mutter nicht klar

SITUATION Frau S. ist 32 Jahre alt, verheiratet und seit der Geburt ihrer Kinder Bastian (3 Jahre) und Eva (1 ½ Jahre) Hausfrau. Zuvor war sie als Fondsmanagerin bei einer Bank tätig. Frau S. hat Schwierigkeiten mit ihrer Mutterrolle: »Obwohl ich meine Kinder über alles liebe, kriege ich es nicht gebacken, mich so richtig um sie zu kümmern. Ich komme einfach mit meiner Situation als Mutter und Hausfrau nicht klar. Irgendwie schaffe ich gar nichts mehr. Zeit genug, den täglichen Kram zu erledigen, habe ich zwar, aber es geht mir einfach nichts von der Hand. Mittlerweile gehe ich nicht einmal mehr zum Sport, obwohl es eine Kinderbetreuung dort gibt. Ich habe einfach keinen Elan mehr. Je weniger ich tue, desto mehr rutscht meine Laune in den Keller und desto mehr finde ich einen Grund zum Meckern. Es ist ein Jammer, was die Kinder und mein Mann mit mir aushalten. Mir tut das richtig weh. Aber ich kann nichts dagegen tun. Ich kann mich einfach selber nicht mehr ausstehen.«

ZUR ORIENTIERUNG Viele Mütter kennen das Phänomen, mit dem Frau S. zu kämpfen hat. Es hat nichts mit einem Mangel an Zeit zu tun. Sicher, in einem Haushalt mit Kindern gibt es reichlich Arbeit, aber im Grunde genommen sind die Aufgaben in der Familie von Frau S. zu bewältigen. Das Problem ist, dass sich die Mutter selbst blockiert – und deswegen ein schlechtes Gewissen hat. Das geht vielen Frauen so, die vor der Geburt ihres Kindes beruflich engagiert waren. Nach der aufregenden Zeit der Schwangerschaft, nach den Wehen der Geburt und den Freuden mit dem Baby schleicht sich Eintönigkeit in den Alltag. Rechte Zufriedenheit möchte sich da nicht entfalten. Der Mutter fehlt einfach eine Perspektive.

LÖSUNG Frau S. sollte sich für eine positive Sichtweise öffnen, indem sie sich bewusst macht, dass sie gerade jetzt eine große Chance für ihre persönliche Entwicklung hat. Denn sie könnte die Zeit der Kindererziehung auch nutzen, um an sich Eigenschaften und Fähigkeiten zu entdecken, die bisher nicht zum Vorschein kommen konnten. Wenn sie auf diese Entdeckungsreise ginge, dann würden sich neue Ideen und Perspektiven auftun. Sie würde die Kindererziehung nicht mehr als etwas ansehen, das sie nicht erfüllt, sondern als eine berufliche Auszeit, die sie als wertvoll erachten und sinnvoll nutzen kann. Sie würde nicht mehr darüber grübeln, ob das noch ewig so weitergehen wird und ob sie jemals wieder im Job Fuß fassen kann. Nein, sie würde zusehends erkennen, dass sie die Zeit mit ihren Kindern genießen und bewusst nutzen kann. Gleichzeitig würde die Zuversicht, dass sich Interessantes entwickeln wird, wachsen und ihr Auftrieb geben.

Je besser Frau S. diese Zusammenhänge versteht, desto schneller wird sie neue Herausforderungen erkennen. Sie wird nicht mehr gedanklich torkeln, sondern sich bejahen. Am Ende wird sie fröhlich und zufrieden sein.

Werden Sie aktiv, werden Sie fröhlich – jetzt!
- ✓ Wenn Sie aktiv werden, dann ... Sie finden sicher 20 Punkte.
- ✓ Wenn Sie fröhlich sind, dann ... Auf jeden Fall können Sie 15 Punkte notieren.
- ✓ Wenn Sie mit Ihren Kindern etwas unternehmen würden, dann ... Mit Leichtigkeit werden Sie 10 Punkte zusammenbekommen.

Wie Sie neue Perspektiven entdecken
- Welche positiven Auswirkungen hat es, wenn Sie neue Perspektiven erkennen?

_____

_____

_____

_____

_____

- Nennen Sie 8 positive Auswirkungen auf das Verhältnis zu Ihren Freundinnen, wenn Sie eine neue Perspektive sehen.

① _____   ⑤ _____

② _____   ⑥ _____

③ _____   ⑦ _____

④ _____   ⑧ _____

- Nennen Sie 12 positive Gefühle, die Sie verspüren, wenn Sie aktiv werden.

① _____   ⑦ _____

② _____   ⑧ _____

③ _____   ⑨ _____

④ _____   ⑩ _____

⑤ _____   ⑪ _____

⑥ _____   ⑫ _____

- Welche Konsequenzen ergeben sich daraus auf Ihr allgemeines Verhalten?

_____

_____

_____

- Was konkret unternehmen Sie, wenn Sie Ihre Situation als schöpferische Pause betrachten?

_____

_____

- Wie genau nehmen Sie dann Ihre Situation wahr?

_____

_____

_____

_____

- Welchen Nutzen und Gewinn haben Ihre Kinder davon?

_____

_____

_____

_____

- Wenn Sie mit Ihrer Situation unbeschwerter umgehen, nimmt Sie Ihr Partner neu wahr. Nennen Sie 3 Situationen, in denen Ihr Partner »versteckt« zeigt, dass er Ihnen für Ihre gute Laune dankbar ist.

1 _____

2 _____

3 _____

9.4
KONZENTRATION

Der geregelte Tagesablauf, Ordnung und Strukturen, die systematische Vorgehensweise beim und das Interesse am Lernen sind entscheidende Kriterien für eine gute Konzentration. Doch was ist Konzentration eigentlich genau? Konzentration bedeutet mit beiden Augen und voller Aufmerksamkeit im Zentrum des Geschehens sein.

Und wie ist diese äußerst fokussierte Achtsamkeit zu erreichen? Bildlich gesehen so: indem man seine Antennen, die ständig nach außen gerichtet und auf Empfang geschaltet sind, einzieht, indem man also seine gespannte Aufmerksamkeit auf eine bestimmte Sache sammelt, auf den Mittelpunkt des Geschehens hinlenkt.

Anhand nebenstehender Abbildung können Sie und Ihr Kind diese Zusammenhänge leicht nachvollziehen. Die grauen Pfeile stellen die Antennen dar, die bei Konzentration eingefahren werden sollen. Alle Ablenkungen werden auf diese Weise ausgeblendet. Anstatt das Interesse breit zu streuen, gelangen nun die wichtigen Informationen an ihren Speicherplatz im Gehirn. Jedes Kind versteht dieses Bild von den ein- und ausgefahrenen Antennen und der laserscharfen Verdichtung. Das Gehirn hat es dadurch einfach leichter. Denn es hat mehr Kapazität für die Verarbeitung der Informationen frei, die es momentan aufnehmen soll.

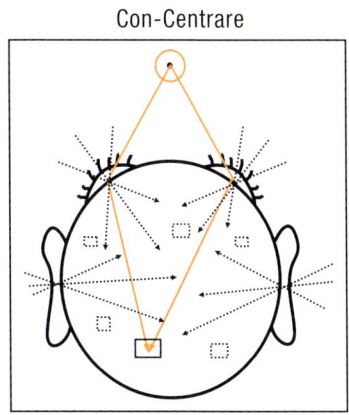

Con-Centrare

Mit beiden Augen im Zentrum des Geschehens sein.

9.4.1 Meiner Tochter ist alles egal

SITUATION Frau C. ist 39 Jahre alt, verheiratet, Hausfrau und hat drei Kinder: Tina (14 Jahre), Friederike (12 Jahre) und Julian (11 Jahre). Frau C. verzweifelt an ihrer Tochter Tina: »Seit zwei Jahren macht uns Tina das Leben zur Hölle. Ich kann mich überhaupt nicht auf sie verlassen. Sie rennt kopflos durch die Gegend. Weder bei den Hausaufgaben noch in der Schule konzentriert sie sich. Es kommt ein Verweis nach dem anderen. Wahrscheinlich wird sie nicht einmal das Klassenziel erreichen. Ich habe schon so viel ausprobiert und nichts hat etwas gebracht. Ich hab's jetzt aufgegeben. Soll sie doch tun, was sie will.«

ZUR ORIENTIERUNG Frau C. ist ratlos. Sämtliche Versuche, die Tochter zur Räson zu bringen, sind gescheitert. Mittlerweile schützt sich die Mutter, indem sie sich in die Gleichgültigkeit flüchtet. Sie schweigt. Sie zuckt mit den Achseln. Sie versucht, so zu tun, als würde sie all das nichts mehr angehen. Sie liefert sich ihrer Tochter hilflos aus. Weil sie keinen Ausweg sieht, rechtfertigt sie ihren Rückzug mit dem sprunghaften Verhalten der Pubertierenden und vertraut darauf, dass sich mit der Zeit alles von selbst einrenken werde. Sie hat dennoch große Angst, dass Tina auf die schiefe Bahn geraten könnte und dass sie mit ihrem demonstrativ zur Schau getragenen Phlegma diesen drohenden Absturz indirekt zulässt.

LÖSUNG Tinas rebellisches Verhalten ist ein Hilfeschrei an die Mutter und will sagen: Reiß das Ruder herum. Frau C. darf also nicht länger warten. Es ist an ihr, zu handeln und sich klarzumachen, dass es ihre Aufgabe ist, in Tinas Kopf für Ordnung zu sorgen, Tina dazu zu bringen, klarer zu denken und sich besser zu konzentrieren. Frau C. sollte Tina helfen, Schubladen im Gehirn einzurichten, die je nach Bedarf geöffnet und geschlossen werden können. Tina sollte lernen, dass sie beim konzentrierten Arbeiten nur ein bestimmtes Schubfach für eine gewisse Zeit öffnen darf, während die Schubladen mit der Aufschrift »Verliebtsein«, »Klamotten« oder »Disko« geschlossen bleiben.

Frau C. darf sich aber auch etwas Besonderes einfallen lassen, damit Tina spürt, dass sie sich ihr wieder zuwendet. Sie könnte z.B. ihre Tochter bitten, dass sie ihre Vorstellungen bezüglich Essens-, Lern-, Fernseh-, Ausgeh- und Schlafenszeiten in einen Tagesplan notiert. Strukturen im Äußeren schaffen schließlich Strukturen im Inneren. Tina wird sich durch diese Aufgabe ernst genommen fühlen, weil sie jetzt mitspracheberechtigt ist. Auch ihrer Mutter wird es besser gehen, weil sie mit Ideen aufwarten kann.

Mit jeder neu geschaffenen Struktur hat die Mutter etwas kreiert. Sie wird sich mit ihrer Tochter abstimmen und Ordnung herstellen. Auf diese Weise stellt Tina ihre innere Ordnung wieder her. Sie braucht nicht mehr zu rebellieren. Sie wird ihre Schubladen nach Bedarf auf- und zuziehen.

So bekommt Ihr Alltag einen Halt
- ✓ Kopieren Sie den Tagesplan 30-mal (siehe Seite 198/199).
- ✓ Jedes Familienmitglied schreibt nun für jeden Tag der Woche seine persönlichen fixen Zeiten auf.
- ✓ Auf diese Weise wird zumindest der Zeitpunkt für eine gemeinsame Mahlzeit an den jeweiligen Wochentagen herausgefunden.
- ✓ Wie fühlt sich Ihre Familie, wenn Sie auf diese Weise Struktur im Familienalltag kreieren? Wahrscheinlich fallen Ihnen mehr als 15 Punkte ein.
- ✓ Sie als Mutter fühlen sich wie neugeboren, wenn diese Strukturen gefunden werden. Wie genau fühlt sich das für Sie an? Notieren Sie so viele Punkte wie möglich, mindestens jedoch 10.
- ✓ Die Auswirkungen auf Ihr Familienleben sind erheblich. Wie genau sind sie? Sie werden garantiert 15 Punkte finden.
- ✓ In Ihrer Familie wird in Zukunft auf folgende Weise verfahren: zur selben Zeit, am selben Ort, in derselben Weise.

Familien brauchen klare Strukturen, kreative Lösungen und eine gute Führung

- Was empfindet Ihr Kind, wenn Sie ihm helfen, Strukturen in seinen Alltag zu bringen?

_____

_____

_____

- Nennen Sie 8 positive Eigenschaften, die Sie befähigen, Struktur in Ihren Familienalltag zu bringen.

1 _____   **5** _____

2 _____   **6** _____

3 _____   **7** _____

4 _____   **8** _____

- Wenn sich das Verhalten der Mutter positiv verändert, verändert sich auch das Kind. Woran lässt sich dies bei beiden feststellen?

_____

_____

_____

_____

- Womit beginnen Sie, wenn Sie Ihre Lethargie hinsichtlich Ihres Kindes aufgegeben haben?

_____

_____

_____

_____

- Welche Konsequenzen ergeben sich daraus auf dessen allgemeines Verhalten Ihnen gegenüber?

  _____

  _____

- Eine gemeinsame Mahlzeit täglich fördert das Zusammengehörigkeitsgefühl und die Gesundheit der Familie. Worin macht sich dies bemerkbar?

  _____

  _____

- Wie fühlt sich Ihr Kind, wenn es mindestens genauso viel Beachtung bekommt wie seine jüngeren Geschwister?

  _____

  _____

- Welchen Nutzen und Gewinn hat Ihr Kind, wenn es sich wieder konzentrieren kann?

  _____

  _____

- Welche positiven Auswirkungen hat es auf das Verhalten Ihres Kindes seinem Vater gegenüber, wenn Sie ihm helfen, Strukturen zu finden?

  _____

  _____

  _____

9.4.2 Mein Kind soll seine Hausaufgaben selber machen

SITUATION Frau F. ist 40 Jahre alt, verheiratet, voll berufstätig und Mutter von Marco (14 Jahre) und Sibylle (11 Jahre). Frau F. schildert ihr Problem so: »Weil mein Partner unter der Woche von Berufs wegen nicht nach Hause kommt, bin ich quasi alleinerziehend. Meine Kinder besuchen eine Ganztagsschule. In der Nachmittagsbetreuung wird mein Sohn Marco mit seinen Hausaufgaben meist nicht fertig.«

ZUR ORIENTIERUNG Frau F. erwartet, dass das Thema Schule für sie erledigt ist, wenn sie abends nach Hause kommt. Sie glaubt, dass Marco seine Hausaufgaben schneller erledigen könnte, wenn er im Unterricht aufpassen würde.

LÖSUNG Frau F. kann dafür sorgen, dass sich Marco besser konzentriert. Folgende Fragen sollte sie mit ihm klären: Warum lerne ich? Was läuft dabei in meinem Gehirn ab? Wie kann ich den Lernvorgang beschleunigen? Nach einiger Zeit wird der Junge erkennen, dass er, wenn er sich konzentriert, schneller lernt und mehr Zeit für andere Dinge hat. Er wird überlegen, wofür er die Zeit nutzen möchte, und es werden ihm neue Ideen kommen. Er wird Eigenantrieb und Ehrgeiz entwickeln und beginnen, sich freiwillig zu steigern. Aufmerksamkeit und Konzentration werden die Folge sein.

So lernt Ihr Kind, sich besser zu konzentrieren
Klären Sie mit Ihrem Kind, warum und wozu es überhaupt denkt und lernt, und suchen Sie gemeinsam mit ihm zu jedem der folgenden Begriffe ein oder mehrere Beispiele:
- Vorstellungen entwickeln
- Neugier entwickeln
- Interessen herausfinden
- Zusammenhänge erfassen
- Den Verstand benutzen
- Kombinieren

- Verknüpfungen herstellen
- Wichtiges von weniger Wichtigem unterscheiden
- Entscheidungen fällen
- Befürworten oder ablehnen
- Erfinderisch sein
- Begabungen und Neigungen erkennen und entfalten
- Ideen entwickeln und Kreativität entfalten
- Begeisterung für spezielle Wissensgebiete entwickeln
- Fähigkeiten entfalten
- Diplomatisch sein
- Erkennen, wie ich und wie andere agieren und reagieren

Das Kind lernt, Regie für sein Handeln zu übernehmen, weil das vermeintlich langweilige Lernen endlich durchsichtig wird. Der Antrieb kommt aus dem Kind. Es will. Es wird sicherer und schneller, denn es durchschaut dieses einfache Prinzip: Je besser ich in der Schule aufpasse → umso mehr Aufgaben kann ich zu Hause lösen → desto mehr Aufgaben löse ich in der schriftlichen Prüfung in der Schule.

Wie Mutter und Kind das Thema Konzentration anpacken können

- Welche positiven Auswirkungen hat es auf das Verhältnis zu Ihrem Kind, wenn Sie gemeinsam die Hintergründe des Denkens und Handelns besprechen?

_____

_____

- Wie wird sich das Verhalten Ihres Kindes gegenüber seinen Lehrern ändern, wenn es im Unterricht konzentrierter ist?

_____

_____

_____

- Welche positiven Auswirkungen hat es auf Ihre eigene Einstellung gegenüber den Lehrern Ihres Kindes, wenn Ihr Kind konzentrierter im Unterricht mitarbeitet?

_____

_____

_____

_____

_____

- Welche Vorteile ergeben sich für Ihre gemeinsame Zeit am Abend mit Ihrem Kind, wenn es seine Hausaufgaben in der Lernzeit geschafft hat?

_____

_____

_____

_____

_____

9.4.3 Mein Kind lässt sich ewig Zeit, bis es mit den Hausaufgaben anfängt

SITUATION Frau O. ist 43 Jahre alt, lebt mit ihrem Lebenspartner und den drei Kindern Florian (10 Jahre), Anna (13 Jahre) und Enno (15 Jahre) in einer typischen Patchworkfamilie. Sie ist halbtags berufstätig. Frau O. braucht dringend Impulse: »Der Nachmittag besteht bei uns nur aus Hausaufgabenmachen. Die Kinder trödeln. Ich treibe an. Nie ist das Thema Schule abgeschlossen. Selten können wir uns guten Gewissens etwas anderem widmen.«

ZUR ORIENTIERUNG Frau O. will zwar, dass ihre Kinder die Hausaufgaben zügig erledigen. In Wirklichkeit denkt sie aber das Gegenteil: »Ihr trödelt wieder ewig herum.«

LÖSUNG Frau O. ist aufgefordert, ihre Antennen einzufahren und sich auf ihre eigenen Aufgaben zu konzentrieren. In der Folge werden die Kinder weniger Druck verspüren. Sie fühlen sich freier und können sich deshalb besser auf ihre Aufgaben konzentrieren. Sie tun dies sogar freiwillig.

Der richtige Umgang mit den Hausaufgaben

✓ Wenn die Mutter sich auf ihre Aufgaben konzentriert, was spüren dann ihre Kinder? Ihnen fallen sicher mehr als 10 Punkte ein.

✓ Statt negativ von den Kindern zu denken, sollte die Mutter ihnen lieber zutrauen, dass sie die Hausaufgaben zügig erledigen. Die Kinder werden das dann auch tun. Notieren Sie, was Sie ausstrahlen, wenn Sie positiv über Ihre Kinder denken. Sie finden 15 Punkte.

✓ Wenn die Mutter ihre Kinder nicht mehr antreibt, bleibt ihr Kraft für anderes. Wofür hat sie dann mehr Kraft? Es lohnt sich, 20 Punkte zu suchen.

Besser lernen, besser leben – wichtige Fragen zum Thema

- Wenn Ihr Kind seine Unlust, zu beginnen und durchzuhalten, aufgegeben hat, wird sich das auf sein häusliches Lernverhalten wie folgt auswirken:

_____

_____

- Welche positiven Auswirkungen hat dies auf das schulische Lernverhalten Ihres Kindes?

_____

_____

- Wie wirkt es sich positiv auf Ihre eigene Arbeitsweise aus, wenn Sie Ihre Antennen einfahren?

_____

_____

- Welche unmittelbare positive Auswirkung hat es auf Ihre Gesundheit, wenn Sie sich auf Ihre Belange konzentrieren?

_____

_____

- Woran werden andere erkennen, dass Sie konzentrierter bei Ihrer Sache sind?

_____

_____

- Welchen Gewinn hat die Beziehung zu Ihrem Partner, wenn Sie mehr bei sich sind und wieder besser durchhalten?

_____

_____

9.4.4 Mein Sohn tut sich mit dem Lesen und Schreiben schwer

SITUATION Frau A. ist 45 Jahre alt, verheiratet, teilzeitbeschäftigt und hat zwei Kinder: Beatrice (11 Jahre) und Christian (9 Jahre). Frau A.: »Mein Sohn Christian liest schlampig. Gelegentlich vertauscht er sogar Buchstaben. Und beim Schreiben macht er viele Fehler.«

ZUR ORIENTIERUNG Frau A. zweifelt an den Rechtschreibfähigkeiten ihres Sohnes. Sie vermutet einen Zusammenhang zwischen seinem schlampigen Lesen und den Rechtschreibfehlern. Sie hat das Gefühl, mit Christian stimmt etwas nicht. Auch er glaubt, es stimmt etwas nicht mit ihm.

LÖSUNG Frau A. durchschaut, dass sie das richtige Lesen und Schreiben ihres Kindes einfach beeinflussen kann. Sie erkennt den TV-Konsum (lesen Sie dazu auch Kapitel 9.1.5) als Risikofaktor für die geistige Entwicklung ihres Kindes und ersetzt ihn durch sinnvollere Beschäftigungen, um ihr Kind zu mehr Eigenaktivität anzuregen. Sie ist darum bemüht, dass die Sinne Tasten und Fühlen angeregt werden durch Ertasten und Erfühlen der Umwelt wie: Basteln, Bauen, Kneten, Backen, Abspülen, Schrauben, Kleben, Spielen in der Natur, im Sand und Matsch, Bepflanzen von Beeten, Puzzeln, Nähen, Perlenfädeln, Malen und Musikmachen mit Instrumenten etc. So verstärken sich die synaptischen Vernetzungen zwischen den verschiedenen Hirnzentren. Und indem Frau A. ihr Kind zusätzlich zur Bewegung animiert, unterstützt sie die Koordination und Balance der beiden Gehirnhälften. Auch deshalb ist es ihr wichtig, dass Christian viel rennt und Purzelbäume schlägt, radelt und schwimmt, kickt und klettert. Überdies ist Frau A. um eine geordnete Arbeitshaltung bemüht und hilft ihrem Sohn – so gut sie kann – zu verstehen, was in seinem Gehirn abläuft, wenn er liest und schreibt. Weil ihr Kind nun weniger fernsieht, entwickelt es bald Neugier am Inhalt dessen, was es liest. Und weil es mehr liest, erweitert es seinen Wortschatz, schreibt Aufsätze leichter und verbessert seine Rechtschreibung.

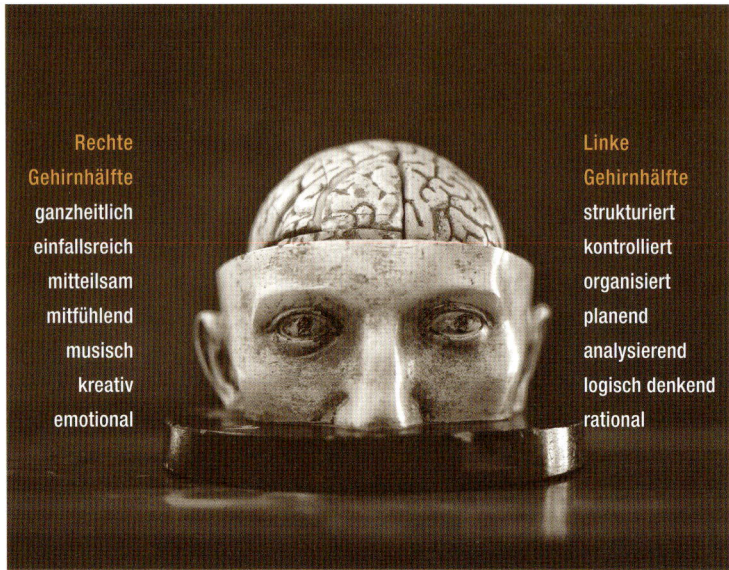

Damit wir all unsere Fähigkeiten ausbilden können, müssen beide Gehirnhälften gut miteinander vernetzt sein. Bewegung ist ein wichtiger Motor für diese Vernetzung.

Mit Gelassenheit und Gewohnheit – wie Ihr Kind lesen lernt

✓ Wählen Sie mit Ihrem Kind ein Buch aus.

✓ Wählen Sie eine immer gleiche Zeit, einen immer gleichen Ort und arbeiten Sie in immer der gleichen Weise.

✓ Der Tisch soll frei geräumt sein.

✓ Jeden Tag werden nur drei Sätze gelesen. Bleiben Sie dabei, auch wenn das Kind noch mehr lesen möchte.

✓ Bis das Kind den ersten Satz zu Ende gelesen hat, hört die Mutter schweigend zu. Die Mutter korrigiert nicht und stöhnt nicht. Sie atmet ruhig und langsam.

✓ Sie sagt am Ende des Satzes, wo die Fehler waren. Sie sagt: »Bitte wiederhole den Satz.« Und nicht mehr. Nur das. Das Kind merkt, dass es noch genauer auf jeden Buchstaben schauen soll.

✓ Der Satz wird noch einmal von vorne bis zu Ende gelesen. Die Mutter verfährt genauso wie beim ersten Mal. Dies wiederholt sie so lange, bis der Satz fehlerfrei gelesen worden ist.

✓ Mit dem zweiten und dritten Satz wird genauso verfahren.

Entscheidend für den Erfolg ist, dass Frau A. sich zurücknimmt und anders verfährt als bisher. Sie darf sich still neben ihr Kind setzen und mit Geduld schweigend abwarten, bis es einen Satz Wort für Wort aufgenommen hat. Diese Ruhe ist im Moment noch erforderlich, damit das Kind lernt, mit beiden Augen im Zentrum des Geschehens zu sein. Sich zu konzentrieren.

Genauer gesagt hat das Gehirn ihres Kindes auf diese Weise genug Ruhe und Zeit, Buchstabe für Buchstabe in der richtigen Reihenfolge zu erfassen und abzuspeichern, um diese schließlich im Lesen und auch im Schreiben richtig anzuwenden.

Nur wenn das Kind sich in Ordnung und Gelassenheit sammelt, wenn es jedes Wort korrekt und langsam liest, bekommt dieses einen festen, einen eigenen Platz im Gehirn. Kann das Gehirn das erst einmal langsam, dann steigert sich die Geschwindigkeit von selbst. Das Kind liest dann sinnerfassend und zügig.

Vom verspielten Kind zum denkenden Menschen – so meistern Sie den Übergang

Nennen Sie 30 positive Fähigkeiten und Eigenschaften, die Sie benötigen, damit Sie das oben beschriebene Programm 21 Tage lang mit Ihrem Kind durchführen können.

1 _____   11 _____

2 _____   12 _____

3 _____   13 _____

4 _____   14 _____

5 _____   15 _____

6 _____   16 _____

7 _____   17 _____

8 _____   18 _____

9 _____   19 _____

10 _____   20 _____

㉑ _____   ㉖ _____

㉒ _____   ㉗ _____

㉓ _____   ㉘ _____

㉔ _____   ㉙ _____

㉕ _____   ㉚ _____

- Wie sieht sich Ihr Kind, wenn Sie ihm helfen, Zusammenhänge zwischen seiner Gehirntätigkeit, seiner Konzentrationsfä-
  higkeit, seiner Bewegung, seinem Fernsehkonsum und seinem
  richtigen Lesen und Schreiben zu durchschauen?

  _____

  _____

  _____

- Welche positiven Auswirkungen hat es auf sein Lernverhalten,
  wenn Ihr Kind sich in seiner Freizeit mehr bewegt?

  _____

  _____

- Wie verhält sich Ihr Kind im Unterricht, wenn es die Zusammenhänge im Gehirn durchschaut?

  _____

  _____

- Welche Konsequenzen ergeben sich für die Leistungen Ihres
  Kindes in den übrigen Fächern, wenn es die Zusammenhänge
  im Gehirn durchschaut?

  _____

  _____

- Welche positiven Veränderungen stellen Sie fest an Ihrem Verhalten gegenüber den Lehrern Ihres Kindes, wenn Ihr Kind sich besser konzentrieren kann?

- Welchen Nutzen und Gewinn hat dies für Ihr Verhalten gegenüber Ihrem Kind?

- Wenn Ihr Kind genauso liest und schreibt wie seine Klassenkameraden, fühlt es sich ebenbürtig. Wie wirkt sich das aus?

- Wenn Ihr Kind genauso liest und schreibt wie seine Klassenkameraden, dann wirkt sich das sogar auf Ihre Partnerschaft aus. Wie nehmen Sie dies wahr?

- Was empfindet Ihr Kind, wenn Sie von seinen Fähigkeiten überzeugt sind?

- Womit beginnen Sie, wenn Sie aufhören zu denken, dass Ihr Kind schlampig liest?

9.4.5 Meine Tochter tut sich schwer mit Mathe

SITUATION Frau T. ist 50 Jahre alt. Sie lebt getrennt, ist halbtags berufstätig, hat zwei Kinder – Mary (12 Jahre), Frieder (9 Jahre) – und ein Problem: »Meine Tochter kann Mathe nicht.«

ZUR ORIENTIERUNG Weil Frau T. sich selbst als »Null in Mathe« bezeichnet, kann sie ihrer Tochter nicht helfen. Sie ist verunsichert und »akzeptiert« die Lernschwierigkeiten ihrer Tochter als Familienproblem.

LÖSUNG Frau T. sollte erkennen, dass ihre Tochter etwas tun muss. In der Folge wird sie ihre eigene Ansicht vertreten, ohne sich erklären zu müssen. Es liegt an ihrer Tochter, regelmäßig zu üben, damit sie zu der Einstellung gelangt: »Wenn ich etwas dafür tue, dann kann ich Mathe.« Des Weiteren erkennt Frau T.: Wenn sich eine negative Einstellung überträgt, überträgt sich auch eine positive. Das heißt: Wenn Frau T. ihre eigene negative Einstellung gegenüber dem Fach Mathe ändert, ändert auch ihre Tochter ihre negative Einstellung gegenüber dem Fach Mathe. Frau T. kommt zu der Einsicht, dass regelmäßige Übung ihrer Tochter Sicherheit bietet. Sie lässt nun täglich zur selben Zeit, am selben Ort und in derselben Weise ihre Tochter üben. Ihr Kind entwickelt ein Verlangen danach, weil sie ritualisiert vorgeht.

Die Mathe-Übungstechnik

✓ Besorgen Sie ein Extraheft nur zum Üben (DIN-A4-Heft kariert ohne Rand).

✓ Der Schreibtisch soll frei geräumt sein.

✓ Buch, Heft und Bleistift ist alles, was auf dem Schreibtisch liegt.

✓ Lassen Sie Ihr Kind im Schulbuch am aktuellen Kapitel 15 Minuten lang rechnen. Es soll alle Aufgaben der Reihe nach bearbeiten und darf keine Aufgaben auslassen, denn nur so ist die Gewähr vom Einfachen zum Schweren gegeben.

✓ In jedes Kästchen darf nur eine Zahl oder nur ein Zeichen geschrieben werden.

- ✓ Bis die Lösung gefunden ist, soll das Kind seine Augen auf die Aufgabe gerichtet haben (schauen Sie sich dazu bitte die Abbildung »Con-Centrare« in der Einleitung dieses Kapitels an).
- ✓ Ist die Lösung gefunden, darf sich Ihr Kind entspannen, wobei es aber am Platz sitzen bleibt.
- ✓ Jede erledigte Teilaufgabe wird abgestrichen. Dadurch fixiert Ihr Kind: Diese Arbeit ist geschafft, erledigt, fertig, ich bin einen Schritt weiter, das kann ich jetzt! Außerdem verhindert das Abstreichen von erledigten Teilaufgaben das Verrutschen in eine obere Aufgabe und damit Verwirrung und Zeitverzögerung. (Falls das Buch der Schule gehört und nicht hineingeschrieben werden darf, empfiehlt sich die Anschaffung eines Übungsbuchs.)
- ✓ Die Mutter befindet sich in einem anderen Raum. Dort beschäftigt sie sich mit ihren eigenen Dingen. Sie gibt bei Bedarf die Struktur vor, z.B. durch Abklärung der Aufgaben und Begrenzung der Zeit mittels Eieruhr oder Wecker.
- ✓ Für konkrete Fragen steht die Mutter zur Verfügung. Wenn sie eine Frage nicht beantworten kann, dann fordert sie ihr Kind auf, den Lehrer oder die Lehrerin am nächsten Tag zu fragen.
- ✓ Dieses Programm wird so lange beibehalten, bis das Kind erkannt hat, dass es nur dann optimal auf den Unterricht und die Schulaufgaben vorbereitet ist, wenn es neben den üblichen Hausaufgaben von sich aus zusätzliche Aufgaben löst. Wenn dieser Durchbruch gelingt, dann hält das Kind im Unterricht besser mit, meldet sich häufiger zu Wort und entwickelt Spaß am Lernen.

Ergebnis aller Bemühungen: Frau T. hat ihrer Tochter zu der Erkenntnis verholfen: »Ich kann Mathe, ich brauche nur zu üben.«

Wie Ihre Kinder in Mathematik besser werden

- Womit beginnt Ihr Kind im Unterricht, wenn es nach der eben beschriebenen Methode übt?

_____

_____

- Welche positiven Auswirkungen hat es, wenn Ihr Kind die Einstellung hat: »Ich kann Mathe, wenn ich übe«?

- Wie fertigt Ihr Kind seine Mathehausaufgaben an, wenn es nach der oben beschriebenen Methode übt?

- Wie bereitet sich Ihr Kind in Zukunft auf die schriftlichen Prüfungen in Mathematik vor, wenn es nach der oben beschriebenen Methode übt?

- Welche positiven Auswirkungen hat es auf das Verhalten Ihres Kindes zu seinen Schulkameraden, wenn es im Matheunterricht mithalten könnte?

- Welchen Nutzen und Gewinn haben Sie, wenn Ihrem Kind Mathe leicht fällt?

- Welche Botschaft übermitteln Sie Ihrem Kind indirekt, wenn Sie es anhalten, täglich 15 Minuten nach der oben beschriebenen Methode zu arbeiten?

_____

_____

_____

- Welche Beschäftigung könnten Sie mit Ihrem Kind aufnehmen, wenn der Dauerbrenner Mathe entfällt?

_____

_____

_____

- Wie wirkt sich dies auf das Verhältnis zu den Geschwistern Ihres Kindes aus?

_____

_____

_____

- Welche positiven Auswirkungen hat es auf Ihre Beziehungen zu Ihrem Partner, wenn der Dauerbrenner Mathe wegfällt?

_____

_____

_____

Tagesplan

06:00 _____	10:30 _____
06:15 _____	10:45 _____
06:30 _____	11:00 _____
06:45 _____	11:15 _____
07:00 _____	11:30 _____
07:15 _____	11:45 _____
07:30 _____	12:00 _____
07:45 _____	12:15 _____
08:00 _____	12:30 _____
08:15 _____	12:45 _____
08:30 _____	13:00 _____
08:45 _____	13:15 _____
09:00 _____	13:30 _____
09:15 _____	13:45 _____
09:30 _____	14:00 _____
09:45 _____	14:15 _____
10:00 _____	14:30 _____
10:15 _____	14:45 _____

15:00 _____

15:15 _____

15:30 _____

15:45 _____

16:00 _____

16:15 _____

16:30 _____

16:45 _____

17:00 _____

17:15 _____

17:30 _____

17:45 _____

18:00 _____

18:15 _____

18:30 _____

18:45 _____

19:00 _____

19:15 _____

19:30 _____

19:45 _____

20:00 _____

20:15 _____

20:30 _____

20:45 _____

21:00 _____

21:15 _____

21:30 _____

21:45 _____

22:00 _____

22:15 _____

22:30 _____

22:45 _____

23:00 _____

23:15 _____

23:30 _____

23:45 _____

24:00 _____

9.5
LOSLASSEN

Wenn wir Mütter loslassen, ...

  ... dann lassen wir ab von Angst,
  ... dann lassen wir Grübeln aus,
  ... dann unterlassen wir Zweifel,
  ... dann lassen wir Überbemuttern bleiben,
  ... dann lassen wir unserem Kind Achtung zukommen,
  ... dann lassen wir uns auf die kindliche Sichtweise ein,
  ... dann lassen wir den Weg unseres Kindes offen,
  ... dann lassen wir unser Kind Vertrauen spüren,
  ... dann lassen wir es zu, dass unser Kind Verantwortung für sich selbst übernimmt,
  ... dann verlassen wir uns auf unseren mütterlichen Instinkt,
  ... dann verlassen wir uns auf unsere Mutterliebe,
  ... dann lösen wir uns aus der Symbiose mit unserem Kind.

Liebe heißt, Wärme auszustrahlen,
ohne einander zu ersticken.
Liebe heißt, Feuer zu sein,
ohne einander zu verbrennen.
Liebe heißt, einander nahe zu sein,
ohne einander zu besitzen.
Liebe heißt, viel voneinander zu halten,
ohne einander festzuhalten.
Phil Bosmans

Wenn wir Mütter loslassen, erkennen wir, dass unsere Kinder verstehen und verstanden werden wollen. Und dass wir in der Lage sind, ihnen die Dinge verständlich zu machen, ohne ihnen unseren Willen aufzuzwingen. Denn sie fühlen sich nur dann verstanden, wenn wir ihre Meinung achten und ihnen dadurch das Gefühl der Geborgenheit vermitteln.

9.5.1 Ich fühle mich dem Konsumzwang ausgesetzt

SITUATION Frau D. hat zwei Kinder: Manuel (6 Jahre) und Vivian (5 Jahre). Sie will mit dem Überfluss der Konsumgesellschaft besser klarkommen: »Ich habe Schwierigkeiten, aus der Vielfalt an Unterrichts- und Spielwarenangeboten zu wählen. Einerseits fühle ich mich gezwungen, mit den anderen Müttern mitzuhalten, andererseits sträubt sich in mir etwas dagegen.«

ZUR ORIENTIERUNG Frau D. meint, dass sie unbedingt das Füllhorn der Waren- und Dienstleistungsgesellschaft über ihren Kindern auszuschütten hat. Manuel und Vivian sollen schließlich nichts verpassen, sie sollen ihre Talente entdecken und für den späteren Lebenskampf gerüstet sein.
Gleichzeitig wird Frau D. aber auch ganz schwindlig, wenn sie nur daran denkt, wo sie überall mithalten soll: Englisch für Vorschulkinder, Schach, Reiten, Tennis, Golf, Flöten, Ballett, Malschule, Jazzdance, Fitnessstudio für Kinder, Fußball, Angeln, Schwimmen, Turnen, Hockey, Ferien-Lerncamps, Töpfern, Basteln, Nähen, Theatergruppe, Yoga, autogenes Training, Qigong, Karate, Tai-Chi, Judo, Spielgruppen, Kochkurse für Kinder und so weiter und so weiter. Ganz zu schweigen von den Ausrüstungen für diese Beschäftigungen und der Masse der Spielwaren, die in immer schnelleren Zyklen auf den Markt geworfen werden. Insgeheim spürt sie, dass sie mit all diesen Angeboten ihre Kinder und sich selbst überfordert.

LÖSUNG Frau D. sollte sich Klarheit über ihren eigenen Standpunkt verschaffen. Auf diese Weise kann sie vom Mithaltenmüssen loslassen. Sie kann einen Mittelweg finden.

Wie Sie Kinder sinnvoll beschäftigen und dabei die Phantasie richtig anregen
✓ Um zu einer vernünftigen Auswahl an Beschäftigungsmöglichkeiten für Ihr Kind zu gelangen, legen Sie sich eine Liste an, in die Sie alle Beschäftigungsmöglichkeiten eintragen, die Ihnen

einfallen. Sortieren Sie dabei diese Punkte nach folgenden Rubriken, z.B. sportlicher Bereich, künstlerisch-kreativer Bereich, musischer Bereich, sprachlicher Bereich, Entspannungsbereich, sozialer Bereich, sonstige Aktivitäten.

✓ Gehen Sie nun in sich und überlegen Sie sich, in welchen Bereichen Sie Ihr Kind unterstützen möchten, damit es bestimmte Fähigkeiten entwickelt.

✓ Beziehen Sie Ihr Kind in Ihre Überlegungen mit ein, indem Sie mit ihm über seine Interessen sprechen und mit ihm zu Schnupperstunden gehen.

✓ Decken Sie nach Möglichkeit den sportlichen Bereich ab. Ihr Kind freut sich über den Ausgleich zum Sitzen in der Schule. Überdies fördert Sport auf vernünftige Weise das Zugehörigkeitsgefühl zu einer Gruppe.

✓ Besinnen Sie sich auf Ihre eigene Jugend. Welche Spiele haben Ihnen am meisten Spaß gemacht?

✓ Gibt es Kreide, Würfel, Seile, Murmeln, einen Ball oder eine Kiste mit Materialien zum Verkleiden in Ihrem Haushalt? Sicher erinnern Sie sich auch noch an die altbewährte Spielesammlung oder an andere Gesellschaftsspiele.

✓ Machen Sie sich klar: Was geschieht, wenn Sie aufhören zu denken: »Mein Kind soll alles haben und überall mithalten«? Was geschieht, wenn Sie beginnen zu denken: »Mein Kind darf jetzt seine Phantasie rauslassen«?

Die Auseinandersetzung mit folgenden Provokationen hilft Frau D. ganz besonders, damit aufzuhören, in ihren diffusen Gefühlen von Unzulänglichkeit herumzustochern. Sie kann vom Konsumzwang loslassen. Und sie kann jetzt guten Gewissens ihren Standpunkt anderen Müttern gegenüber vertreten und sich gegenüber diesen abgrenzen.

Wie können Ihre Kinder bei Ihnen auftanken und wie stärken Sie sich selbst?

- Welche Fähigkeiten/Eigenschaften haben Sie, um Ihr Kind zum kreativen Spielen anregen zu können?

1 _____   **5** _____

2 _____   **6** _____

3 _____   **7** _____

4 _____   **8** _____

- Sie sind der Erziehungsexperte für Ihr Kind (aus dem Lateinischen »experiri« = versuchen, erproben, und »expertus« = erprobt, bewährt). Was schreibt man einem Experten zu?

_____

_____

- Sie, die Mutter, sind die Tankstelle Ihrer Familie. Was tanken Ihre Kinder bei Ihnen?

1 _____   **5** _____

2 _____   **6** _____

3 _____   **7** _____

4 _____   **8** _____

- Wenn das Benzin zur Neige geht, muss man nachtanken. Man fährt zu seiner Tankstelle. Ein kleines Fahrzeug hat einen kleinen Tank. Es muss öfter aufgetankt werden. Ein größeres Fahrzeug hat einen größeren Tank. Der Fahrer muss seltener auftanken; dafür tankt er gleich eine größere Menge.
Kleine Kinder brauchen die Mutter regelmäßig und viele kleine Rationen Energie. Ältere Kinder erwarten von ihrer Mutter anspruchsvollere Energieeinheiten.

Welche Energie genau tanken Kinder bei ihrer Mutter im Alter von
0 bis 3 Jahren?

1 _____

2 _____

3 _____

4 _____

5 _____

4 bis 6 Jahren?

1 _____

2 _____

3 _____

4 _____

5 _____

7 bis 10 Jahren?

1 _____

2 _____

3 _____

4 _____

5 _____

11 bis 14 Jahren?

1 _____

2 _____

3 _____

4 _____

5 _____

15 bis 18 Jahren?

1 _____

2 _____

3 _____

4 _____

5 _____

- Die Mutter ist auch Pufferzone der Familie, eine Zone, die der Schadensbegrenzung und dem Druckausgleich dient. Ein Eisenbahnwaggon benötigt z.B. einen Raum zum Bremsen, damit es nicht zur Katastrophe kommt. Eine Pufferzone ist wie ein Stoßfänger.

_____

_____

_____

- Was puffern Sie als Mutter ab?

_____

_____

_____

- Welchen Nutzen und Gewinn hat Ihr Kind, wenn es einen Raum zum Bremsen hat?

_____

_____

- Die großen Tanks einer Tankstelle müssen regelmäßig aufge-
füllt werden. Auch durch Loslassen vom Konsumzwang füllen
Sie Ihre Tanks auf. Wie genau?
  täglich

  _____

  _____

  wöchentlich

  _____

  _____

  monatlich

  _____

  _____

- Welche positiven Auswirkungen hat es auf Ihr Kind, wenn es
eine Mutter hat, die ihren eigenen Stil gefunden hat?

  _____

  _____

- Welche positiven Auswirkungen hat es auf Ihr Verhältnis zu
anderen Müttern, wenn Sie Ihren eigenen Stil gefunden haben?

  _____

  _____

9.5.2 Ich klammere an meinem Kind

SITUATION Frau I. ist 42 Jahre alt, alleinerziehend und Verkäuferin. Sie hat drei Kinder: Mario (13 Jahre), Silvio (7 Jahre), Monique (4 Jahre). Frau I. quält ihr ständiges Misstrauen: »Ich kann nicht nachvollziehen, wie manche Mütter ihre Kinder ganz cool anderen zur Betreuung überlassen. Ich tue mich damit sehr schwer. Denn ich weiß nicht, ob andere das alles so machen, wie ich mir das vorstelle und wie es mein Kind gewohnt ist. Selbst wenn ich meine Tochter am Wochenende ihrem Vater bringe, habe ich Bedenken.«

ZUR ORIENTIERUNG Frau I. fällt es schwer, ihre Liebsten loszulassen, und sei es auch nur für kurze Zeit, z.B. um sie in die Obhut von Opa und Oma zu geben oder um sie dem Kindergarten, der Schule und dem Vater zu überlassen.

LÖSUNG Frau I. sollte sich auf den natürlichen Prozess der Ablösung vorbereiten. Sie sollte darauf vertrauen, dass es ihre Kinder leichter haben, wenn sie ihr Festhalten, ihre Barriere zum Vertrauen, Schicht für Schicht abträgt. Ihre Kinder werden dann auch in der Zeit, in der sie nicht zu Hause sind, unbeschwert sein können.

So entlassen Sie Ihr Kind in die Gesellschaft

- ✓ Inwiefern wird sich Ihre momentane Lebenssituation verbessern, wenn Sie anderen Bezugspersonen Ihres Kindes vertrauen? Scheuen Sie sich nicht und notieren Sie 10 Punkte.
- ✓ Wie werden sich andere Bezugspersonen Ihres Kindes fühlen, wenn Sie ihnen vertrauen? Ihnen fallen mit Sicherheit 5 Punkte ein.
- ✓ Wenn Sie Ihr Festhalten nachlassen, wird Ihr Kind ... Suchen Sie 15 Punkte.
- ✓ Wenn Sie offen und ehrlich mit Ihrem Kind umgehen und sich nicht wegschleichen, wird Ihr Kind sicherer sein. Woran werden Sie dies erkennen? Schreiben Sie dazu ebenfalls 15 Punkte auf.

Abnabeln gehört zum Leben – so lernen Sie damit umzugehen

- Wenn Ihr Kind sich ablösen möchte, dürfen Sie sich auch ablösen. Welche positiven Auswirkungen hat es, wenn Sie sich ablösen dürfen?

  _____

  _____

- Wie wirkt sich das auf Ihre Gesundheit aus?

  _____

  _____

  _____

- Woran werden Sie erkennen, dass Ihr Kind spürt, dass Sie es weiterhin liebevoll unterstützen, auch wenn Sie es loslassen?

  _____

  _____

  _____

- Wenn Sie von Ihrem Kind loslassen, lassen Sie von Groll und Enttäuschung in der Vergangenheit ab. Woran erkennen Sie, dass dadurch Ihre Attraktivität zunimmt?

  _____

  _____

  _____

- Welchen Gewinn erlangt dadurch die Beziehung zu Ihrem Partner?

  _____

  _____

9.5.3 Meine Tochter fühlt sich nicht wohl in unserer neuen Familiensituation

SITUATION Frau S. ist 40 Jahre alt, zum zweiten Mal verheiratet und teilzeitbeschäftigt. Sie hat zwei Kinder: Melanie (13 Jahre) und Marcus (17 Jahre), Sohn ihres zweiten Partners. Frau S. macht sich Sorgen um Melanie: »Sie lässt in der Schule nach. Vielleicht hängt es damit zusammen, dass ich vor einiger Zeit mit meinem neuen Partner zusammengezogen bin.«

ZUR ORIENTIERUNG Frau S. hat Melanie gegenüber ein schlechtes Gewissen. Sie spürt, dass ihre Tochter Schwierigkeiten hat, mit der neuen Familiensituation klarzukommen.

LÖSUNG Melanies schlechtes Abschneiden in der Schule ist ein Warnsignal für die Mutter: »Mama, bitte rede mit mir! « Frau S. sollte daher mit Melanie sprechen, vor allem über die Position der Tochter in der neuen Familie. Das stärkt Melanie. Sie weiß nun, wo sie hingehört. Sie spürt, dass die Liebe ihrer Mutter zu ihr und die Liebe zu ihrem neuen Partner zwei unterschiedliche Dinge sind. Wenn Frau S. häufig mit ihrer Tochter über deren Stellung in der Familie spricht, wird die neue Familienkonstellation weniger bedrohlich und sie stabilisiert sich.

Liebeserklärung ans Kind

✓ Finden Sie 30 positive Eigenschaften Ihres Kindes, um wieder Nähe gewinnen zu können.

✓ Machen Sie sich bewusst, was Ihr Kind fühlt, wenn Sie ihm erklären, dass es in Ihrem Herzen denselben Platz hat wie bisher. Sie können bis zu 20 Punkte ausfindig machen.

✓ Was fühlen Sie, wenn Sie Ihrem Kind deutlich machen, dass Ihre Liebe zu ihm etwas anderes ist als Ihre Liebe zu Ihrem Partner? Mit wenig Mühe werden Sie 10 Punkte notieren können.

✓ Wenn Sie mit Ihrem Kind reden, wird Ihr Kind sich Ihrem Partner gegenüber folgendermaßen verhalten: ... Unter Umständen fallen Ihnen sogar mehr als 15 Punkte ein.

✓ Wenn Sie mit Ihrem Kind reden, wird es entspannt. Wie wirkt sich dies auf das Lernverhalten Ihres Kindes aus? Notieren Sie 5 Punkte.

✓ Wenn Ihr Kind Ihre Liebe spürt, wird es in der Schule wieder stabiler. Notieren Sie 5 Punkte, wie konkret es stabiler wird.

Was tun, wenn die Familie zerbricht und eine neue Lebenssituation entsteht?

- Welche positiven Auswirkungen hat es, dass Sie von Ihrem schlechten Gewissen losgelassen haben?

_____

_____

_____

- Was bedeutet es für Ihr Kind, dass Sie von Ihrem schlechten Gewissen losgelassen haben?

_____

_____

_____

- Was geschieht, wenn Sie aufhören zu denken, dass Sie das allumfassende Familienglück erreichen müssen?

_____

_____

_____

- Wie wirkt sich dies auf Ihr Verhältnis zu Ihrem Partner aus?

_____

_____

- Welche positiven Auswirkungen hat dies auf das Verhältnis zu den jeweiligen Expartnern?

- Wie ändert sich das Verhältnis der Kinder zu ihrem jeweiligen anderswo lebenden leiblichen Elternteil?

- In welcher positiv veränderten Weise gestaltet sich das Verhältnis der Kinder zueinander?

- Wie verändert sich das Verhältnis zu Ihren Stiefkindern positiv?

9.5.4 Meine Kinder streiten sich

SITUATION Frau Z. ist 36 Jahre alt, verheiratet und im Buchhandel angestellt. Sie hat vier Kinder: Gina (10 Jahre), Lukas (8 Jahre), Jakob (7 Jahre) und Maja (4 Jahre). Frau Z. zur Lage: »Mich nervt, dass meine Kinder permanent streiten.«

ZUR ORIENTIERUNG Frau Z. will, dass sich ihre Kinder verstehen und freundlich miteinander umgehen. Sie übernimmt dafür auch die Verantwortung. Um die Harmonie aufrechtzuerhalten, greift sie gelegentlich härter durch und hat deshalb ein schlechtes Gewissen.

LÖSUNG Wenn Kinder streiten, dann buhlen sie nicht nur um Aufmerksamkeit, Anerkennung und Liebe. Sie wollen auch die Mutter auf die Probe stellen: Wie geht sie mit der Situation um? Für wen ergreift sie Partei? Wie gerecht ist sie? Dabei bemerken die Kinder rasch, wenn die Mutter dazu neigt, das jeweils jüngere Geschwisterkind in Schutz zu nehmen. Die Folgen sind nicht zu unterschätzen. Denn das ältere Kind glaubt nun, dass die Mutter das jüngere Kind bevorzugt, und überlegt sich daher, wie es sich an dem Jüngeren »rächen« kann. Das jüngere Kind hingegen handelt genau anders herum und nutzt die vermeintlich günstige Situation, um den Älteren ungestraft zu ärgern. Frau Z. sollte diesen Teufelskreis durchbrechen. Sie kann für Harmonie sorgen und gerechter sein, wenn sie damit aufhört, für eines der Kinder Partei zu ergreifen.

Fahrplan für mehr Gerechtigkeit im Familienalltag
- ✓ Legen Sie für jedes Kind ein separates Blatt Papier an.
- ✓ Finden Sie 30 positive Eigenschaften, Talente und Begabungen des jeweiligen Kindes.
- ✓ Wenn Sie Ihr Kind als einmalig und einzigartig ansehen, hören Sie auf zu vergleichen. Welche Chancen geben Sie dadurch Ihrem Kind für seine Entwicklung? Notieren Sie jeweils 15 Punkte.
- ✓ Schreiben Sie nun auf, wie sich jedes Kind fühlen wird, wenn

es nicht einmal in Gedanken verglichen wird. Sie werden ohne Schwierigkeiten jeweils 10 Punkte herausfinden.

Wenn Frau Z. diesen Fahrplan einhält, dann löst sie sich aus den emotionalen Verstrickungen, in die sie durch die Streitigkeiten ihrer Kinder geraten ist. Sie wird den Auseinandersetzungen fortan mit mehr Abstand begegnen. Sie wird erkennen, in welchen Situationen sie sich heraushalten muss und wann sie gefordert ist einzugreifen, aber sachlich. Sie wird sicherer. Diese Sicherheit wird sie ausstrahlen. Die Kinder werden das spüren und wissen: Unsere Mutter hat uns alle gleich lieb. Frau Z. wird nun ein gutes Gewissen haben.

Wie Sie fair gegenüber Ihren Kindern bleiben

- Welche positiven Auswirkungen hat es auf Ihre Beziehung zu Ihren Kindern, wenn Sie vom Parteiergreifen loslassen?

- Welche Vorteile haben Sie, wenn Sie vom Parteiergreifen loslassen?

- Wie verhalten sich Ihre Kinder, wenn Sie sich aus dem Streit Ihrer Kinder raushalten?

- Welche positiven Auswirkungen hat dies auf Ihre Gesundheit?

  _____

  _____

- Welchen Nutzen und Gewinn erhoffen Sie sich, wenn Sie darauf vertrauen, dass Sie das richtige Gespür für Gerechtigkeit Ihren Kindern gegenüber haben?

  _____

  _____

- Welche Anzeichen sprechen für Ihr gutes Bauchgefühl?

  1 _____

  2 _____

  3 _____

  4 _____

  5 _____

  6 _____

  7 _____

  8 _____

  9 _____

  10 _____

- Womit beginnen Sie, wenn Sie sich von der Illusion trennen, alle Erwartungen erfüllen zu können?

  _____

  _____

9.5.5 Meine Kinder werden flügge und wo bleibe ich?

SITUATION Frau Q. ist 46 Jahre alt und geschieden. Seit 4 Jahren lebt sie mit ihrem Lebenspartner zusammen. Sie hat zwei Kinder, Lena (14 Jahre) und Julius (12 Jahre), und arbeitet in einem Friseursalon. Frau Q.: »Manchmal fühle ich, jetzt geht's zu Ende. Mein Muttersein geht zu Ende. Dieses heile Leben. Meine Kinder haben ihre eigenen Vorstellungen und machen so vieles ganz selbstverständlich, wie es ihnen passt. Oft nicke ich einfach nur noch ab. Ich habe für meine Kinder gelebt und alles gegeben. Was bleibt mir jetzt noch? Wo bleibe ich? Welche Aussichten habe ich noch? Meine Kolleginnen meinen: Jetzt kannst du doch endlich mal an dich denken! Aber ich habe keine Ahnung, was das ist: mich um mich kümmern. Für mich war das Leben in Ordnung, so wie es war. Ich hatte meine Arbeit, meine Familie, meinen Sport und alles war prima. Nun fühle ich mich irgendwie überflüssig wie ein alter Besen, der wartet bis er eines Tages auf dem Sperrmüll landet.«

ZUR ORIENTIERUNG Lena und Julius erweitern zusehends ihren Aktionsradius. Sie werden eigenständig und flügge. Und damit hat Frau Q. zu kämpfen, denn sie war es gewohnt, insgesamt für sie zu sorgen und gefragt zu werden. Diese Aufgabe erfüllte sie rundherum. Sie sieht nun ein Loch vor sich und hat gelegentlich sogar das lähmende Gefühl, dass sie, weil sie weniger gebraucht auch weniger gemocht wird. Sie verharrt in einer lähmenden Starre und ist außer Stande, konstruktive Gedanken über sich und ihre Zukunft zuzulassen.

LÖSUNG Frau Q. hat wie die meisten Mütter Angst vor dem, was nach den Kindern kommt. Das neue Unbekannte verunsichert sie und deshalb hält sie am Vergangenen fest. Aber sie sollte loslassen, denn nur dadurch kann sie Neues zulassen. Der Schritt des Loslassens ist der schwierigste, aber der alles Entscheidende für ihr Fortkommen. Er führt nämlich zunächst dazu, dass sie schätzt, was sie geleistet hat. In diesem Prozess, sich und das Geleistete zu achten, liegt ihre Chance, um zu erkennen: Ich habe eine große Leistung vollbracht und sollte mich jetzt erst mal entspannen. Während dieser Zeit der spürbaren Regenerierung lässt Frau Q. immer weiter los und findet Gefallen an Folgendem: Mal sehen, was da auf mich wartet. Da wird sich noch allerhand tun in meinem Leben. Ich bin ja noch jung und mobil.

Und während Frau Q. sich mehr und mehr entspannt, wird ihr zunehmend klarer: Meine Kinder lieben mich als Mutter und als Person genauso wie bisher und brauchen mich auch weiterhin. Indem Frau Q. diese Gedanken zulässt, wird es weniger schmerzlich für sie. Ihr fällt es nun leichter, diese vermeintliche Leere als ihre Chance zu sehen. Sie spürt Interesse an Neuem und setzt ihren Unternehmungsdrang frei.

Loslassen und neues Lebensglück finden – wie geht das?

- Lassen Sie los und erkennen Sie: »Ich hab's geschafft. Ich habe eine nette Familie aufgebaut. Jetzt bin ich mal dran.« Was fühlen Sie bei diesen Gedanken?

_____

_____

_____

_____

- Nennen Sie 10 Aspekte, die Sie mit Entspannung in Verbindung bringen.

  1 _____

  2 _____

  3 _____

  4 _____

  5 _____

  6 _____

⑦ _____

⑧ _____

⑨ _____

⑩ _____

- Während Sie sich entspannen, indem Sie öfter die Füße hoch-legen, die Augen schließen und langsam durchatmen, regene-rieren sich nicht nur Ihre Zellen. Auch rücken Sie sich und damit Ihre Bedürfnisse in den Mittelpunkt. Dabei löst sich viel Druck. Was genau spüren Sie, wenn sich dieser Druck löst?

_____

_____

_____

- Was denkt Ihre Familie, wenn Sie öfter Entspannung und Los-lassen großschreiben, anstatt sich ständig zu überfordern?

_____

_____

_____

_____

- Während Sie sich vom Roboterdasein loslösen und entspan-nen, nehmen Sie jede Menge erfreuliche Dinge um sich herum wahr. Was springt Ihnen dabei vor allem ins Auge?

_____

_____

_____

- Je mehr Sie den Druck, dem Sie so viele Jahre ausgesetzt waren, abstreifen, umso mehr erhöhen Sie Ihre Schwingung, Ihr Energieniveau. Dadurch holen Sie sich die bejahende Lebenseinstellung in Ihren Alltag zurück. Woran erkennen Sie dies?

_____

_____

_____

- Zusätzlich können Sie Ihr Energieniveau anheben, indem Sie ab heute drei Dinge täglich finden, für die Sie dankbar sind. Wofür sind Sie z.B. in diesem Augenblick dankbar?

_____

_____

_____

- Wenn Sie sich Schritt für Schritt vom Stress befreien und gleichzeitig vom Alten loslassen, werden Sie neugierig auf das, was jetzt kommt. Wie nehmen Sie Ihre Umwelt jetzt wahr? Wie werden Sie von Ihrer Umwelt wahrgenommen?

_____

_____

_____

- Woran erkennen Sie, dass Ihr Kind es genießt, wenn es diesen Wandlungsprozess seiner Mutter wahrnimmt?

_____

_____

_____

DANKSAGUNG

Liebe Leserinnen, Sie haben nun Ihre eigene Linie gefunden, Sie haben eine neue Sicht der Dinge, einen guten Überblick und Kraft für die Aufgabe, die das Leben an Sie stellt. Dass Sie sich jetzt wohler fühlen und Ihre Mutterrolle besser ausfüllen, ist nicht nur das Ergebnis Ihrer aktiven Mitarbeit und meiner jahrzehntelangen Erfahrung. Auch andere Menschen haben daran mitgewirkt. Ich möchte daher allen Personen danken, die mich mit Rat und Tat unterstützt und die mich bestärkt haben, dieses Buch zu schreiben.

Ausdrücklich danken möchte ich Dr. Erwin Küchle für seine zentralen Hinweise und seine einfühlsame philosophische Betreuung.

Mein besonderer Dank gilt Andreas Rau für seine weitsichtigen und beflügelnden Inspirationen. Meiner Freundin Christa Klich danke ich für ihr Ohr und für ihren besonnenen Rat.

Ich danke besonders Daniela Öttl, Lektorin und Mutter von vier Kindern, für ihr unermüdliches Engagement beim Voranbringen dieses Buches. Peter Stippel und Thomas Kieslich danke ich insbesondere für die kreative Umsetzung meines Anliegens und die exzellente Zusammenarbeit. Das Layout dieses Buches basiert weitgehend auf ihren Vorlagen. Nicht vergessen möchte ich meine Eltern, denen ich dieses Buch im Andenken widme.

Ganz besonders aber möchte ich den vielen Müttern danken, die auf direkte und indirekte Weise dazu beigetragen haben, dass dieses Buch entstehen konnte. Sie haben mir die Basis für mein Wissen gegeben. Sie haben mich angeregt, die CEUS-Methode zu entwickeln, und dadurch bewirkt, dass auch Mütter einen entspannten Familienalltag haben.

LITERATUREMPFEHLUNGEN

Bauer, Joachim: *Warum ich fühle, was du fühlst. Intuitive Kommunikation und das Geheimnis der Spiegelneurone.* Heyne, München 2006

Franckh, Pierre: *Das Gesetz der Resonanz.* Koha Verlag, Burgrain 2009

Hüther, Gerald: *Gehirnforschung für Kinder. Felix und Feline entdecken das Gehirn.* Kösel, München 2009

Juul, Jesper: *Die kompetente Familie. Neue Wege in der Erziehung.* Kösel, München 2007

Juul, Jesper: *Nein aus Liebe. Klare Eltern, starke Kinder.* Kösel, München 2008

Juul, Jesper: *Pubertät – wenn Erziehung nicht mehr geht. Gelassen durch stürmische Zeiten.* Kösel, München 2010

Kohn, Martin: *Hilfe, mein Kind hängt im Netz. Was Eltern über Internet, Handy und Computer wissen müssen.* Kösel, München 2010

Lipton, Bruce H.: *Intelligente Zellen: Wie Erfahrungen unsere Gene steuern.* Koha Verlag, Burgrain 2009

Wunsch, Albert: *Die Verwöhnungsfalle: Für eine Erziehung zu mehr Eigenverantwortlichkeit.* Kösel, München 2005

BILDNACHWEIS

8 Getty Images/Stone/Tim Flach

11 Getty Images/Photodisc RF

16, 22, 27, 63, 74, 86, 158 Photodisc RF

19 Thomas Kieslich

25 Picture Press/Onoky/Pascal Broze

32 Imagesource RF

35 Corbis/moodboard

38 Corbis/Grady Reese

58 PhotoAlto/ZenShui RF

65 Getty Images/Cultura RF

68 Corbis/Elisa Lazo de Valdez

93 Corbis/Bob Mitchell RF

100 Stockdisc RF

108 Alamy/Stockbyte RF

110 Hartmut S. Bühler

112 Picture Press/astra production

129 Mit freundlicher Abdruckgenehmigung aus:
    Kinder und Jugendarzt, 37. Jahrgang, 2006

134 Shutterstock/Cheryl Casey RF

156 Getty Images/Stockbyte RF

178 Corbis/Jutta Klee

190 Corbis/Michael Prince

200 Getty Images/Digital Vision RF

Bildredaktion: Annette Mayer

KONTAKT

Wenn Sie Fragen zu diesem Buch haben, gerne einen Rat einholen möchten zu einem Problem mit Ihrem Kind, Interesse an einem Seminar oder einer Schulung in der CEUS-Methode haben, freue ich mich über einen Anruf oder eine E-Mail von Ihnen.

Barbara Volkwein
Ceus Coaching®
Sollnerstr.42
81479 München

Tel.: 089/793 15 70
E-Mail: ceus@barbara-volkwein.de
Homepage: www.barbara-volkwein.de

Für mehr Gelassenheit

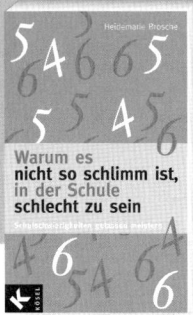